sinfonía
italiana

Responsables editoriales: Suyapa Audigier y Brigitte Éveno

Dirección artística y realización: Guylaine y Christophe Moi

Colaboración en la redacción: Sophie Brissaud

Secretaría de edición: Sylvie Gauthier

Fotografía de los objetos: Matthieu Csech

Traducción: Juana Bignozzi

cocina XXI

sinfonía italiana

Isabelle Sensi

Fotografías de Michaël Roulier
Estilismo de Emmanuel Turiot

SALVAT

[Cuando los sabores se funden...]

Las fronteras de la cocina desaparecen gradualmente, para mayor placer de todos. Con el cambio de siglo vemos cómo adoptamos, poco a poco, nuevas costumbres culinarias. No se habla ya de «cocina exótica», pues el exotismo implica lejanía, extrañeza y no por fuerza autenticidad. Ahora bien, nada hay ya de extraño en la cocina china, india o mexicana. El estilo actual consiste en hallar la inspiración en todas partes donde sea posible: lo esencial es que el resultado sea bueno. Antaño, probar las cocinas extranjeras era una audacia, un riesgo; hoy en día forma parte de nuestra vida cotidiana. Ingredientes que antes era preciso buscar con olfato de detective o hacerse traer por los amigos viajeros ya están disponibles al lado de casa, en la gran superficie más próxima o en el colmado de la esquina. Ya no nos dan miedo las especias, los frascos misteriosos, los frutos coloreados... aprendemos a utilizarlos. Más aún, intentamos adaptarlos a los manjares de cada día. El mundo acude a nuestra cocina con toda naturalidad, con todo el frescor de sus sabores; descubrimos, al mismo tiempo, regímenes distintos, principios dietéticos que nos hacen meditar. Nuestra cocina es, de ahora en adelante, el crisol de una fusión sin complejos, y lo que antes era insólito se vuelve tan familiar que olvidamos sus orígenes extranjeros.

Pequeñas mesas cubiertas con manteles blancos que desbordan sobre la plaza o en la calle: flores colocadas al descuido en un jarrón, algunos grisines para hacer tiempo: la trattoria es la versión italiana del restaurante popular. Allí se sirve, desde hace mucho, en un ambiente alegre y relajado, lo mejor de la cocina de Italia, desde las alcachofas fritas de Roma hasta las pastas bien condimentadas del sur, pasando por el aroma de los frutos de mar venecianos y las trufas blancas de Umbría. La reputación de algunas trattorie sobrepasa de lejos el marco de su barrio; en ellas se saborean especialidades «como en ninguna otra parte en el mundo». Si la pizza ha dado la vuelta al mundo, las delicias de la trattoria son más secretas: su atractivo lo constituye todo el ambiente y toda una organización del trabajo culinario. No hay misterio en el secreto de esta taberna: frescura y calidad de los productos, simplicidad y honestidad en las preparaciones, rapidez en el servicio, cohesión de una tradición familiar (las trattorie a menudo son negocios familiares) y buen hacer de las matronas en las fogones, seguras de sus gestos. La cocina italiana nunca parece tan buena como en Italia. Pero, en efecto, si bien es difícil encontrar sus sabores en el restaurante, con facilidad se los puede reproducir en casa eligiendo cuidadosamente los ingredientes. Las casas especializadas son numerosas y los buenos productos italianos se encuentran fácilmente. Son un poco caros, pero tan sabrosos que se necesita muy poco para disfrutarlos.

sumario

entradas

entradas

para despertar el gusto

Italia ha llevado las entradas (*antipasti*) a un alto nivel de refinamiento. Las entradas se sirven generalmente en pequeñas cantidades para no cortar el apetito: son una manera encantadora de anunciar las delicias que seguirán.

Pequeñas frituras, tostas rústicas o escabeches de la casa: verduras, champiñones, pescados ligeramente acidulados con vinagre y conservados en aceite de oliva. En el comercio se encuentra una gran variedad de estas entradas en frasco.

Tostas de gorgonzola
al mascarpone
4-6 personas
Preparación: 10-15 min

150 g de gorgonzola
al mascarpone
3 ramas tiernas de apio
1 manzana
1 limón
1/2 barra de pan rústico
2 cuch. soperas de nueces
picadas
pimienta

Tostas de higos frescos
4-6 personas
Preparación: 15 min

6 higos frescos bien maduros
150 g de jamón del país
1/2 barra de pan rústico
aceite de oliva

Tostas con anchoas
4-6 personas
Preparación: 15 min

100 g de filetes de anchoas
(preferentemente en sal)
2 dientes grandes de ajo
5 ramas de perejil
4 cuch. soperas de aceite
de oliva
1 cuch. sopera.de vinagre
balsámico
1/2 pan
4 huevos duros
pimienta recién molida

[variedad de tostas]

Tostas de gorgonzola al mascarpone: aplaste el queso con el tenedor. Pique fino el apio, corte la manzana sin pelarla en rodajas muy finas, mójelas con el limón. Corte el pan en rodajas y tuéstelas. Unte cada una con queso, espolvoree con el apio, agregue 1 rodaja de manzana y algunas nueces. Pimente.

Tostas de higos frescos: pele y chafe los higos con el tenedor. Pase el jamón por la picadora y mézclelos con los higos. Corte el pan en rodajas, tuéstelas, mójelas con un hilo de aceite de oliva y úntelas con la preparación.

Tostas con anchoas: desale las anchoas 15 min en un cuenco con agua. Con la punta de los dedos, siempre en el agua, retire delicadamente los filetes, enjuáguelos. Pele el ajo, lave y seque el perejil. Póngalos junto con las anchoas en el recipiente de la batidora, pimente y bata. Incorpore el aceite de oliva hasta que la mezcla esté emulsionada, vierta el vinagre. Corte el pan en rodajas, dórelas y luego coloque en cada una 1 fina rodaja de huevo duro antes de untarla con la mezcla de anchoas.

[bocados de berenjena]

6 personas
Preparación: 30 min
Reposo: 1 h
Cocción: 30 min

3 berenjenas gruesas y largas
3 tomates medianos
8 cuch. soperas de aceite
de oliva
200 g de mozzarella
(2 bolas)
2 ramas de albahaca
(12 hojas)
unas gotas de vinagre
balsámico
sal y pimienta

Lave las berenjenas y quíteles el rabillo. Lave y seque los tomates. Corte las berenjenas en lonchas de 5 mm, a lo largo, y deseche las primeras y las últimas. Espolvoree con sal fina y deje escurrir aproximadamente 1 h.

Enjuague y seque bien las rodajas sobre papel absorbente. En una sartén grande, caliente 2 cucharadas soperas de aceite de oliva y rehogue las lonchas de berenjena, cuatro minutos por cada lado, hasta que estén doradas y tiernas. A medida que las saque, escúrralas sobre papel absorbente. Deje enfriar.

Corte las bolas de mozzarella en rodajas, al igual que los tomates. Lave, seque y deshoje la albahaca. Coloque dos lonchas de berenjena en cruz sobre un plato, disponga en el centro 1 rodaja de tomate, salpimente, luego 1 hoja de albahaca, 1 rodaja de mozzarella, 1 hoja de albahaca y, finalmente, 1 rodaja de tomate, salpimente. Cierre dándole la vuelta en principio a los dos bordes de la rodaja de abajo, luego a los otros dos y sostenga todo con un mondadientes colocado verticalmente. Proceda de la misma manera con los otros «paquetes» de berenjena.

Coloque todos los bocados en una fuente untada con aceite y deje cocer 30 min al horno a 180 °C.

En el momento de servir, caliente o tibio, vierta 2 gotas de vinagre balsámico sobre cada bocado.

[fritura mixta de mar]

Pídale al pescadero que vacíe y limpie los calamares (conservando si desea los tentáculos), y haga filetes con el pescado.

Corte los calamares en aros de 1 cm, sumérjalas en 50 cl de agua acondicionada con leche y déjelas impregnarse 30 min. Retírelas con la ayuda de una espumadera, escúrralas. Remoje las gambas 5 min en el mismo líquido. Escúrralas y pélelas.

Corte los filetes de pescado en cubos pequeños, mezcle los ingredientes de la marinada y vierta sobre el pescado. Déjelo macerar 1 h al fresco. Prepare la pasta de buñuelos: en un cuenco, mezcle rápidamente la harina, 10 cl de agua, la cerveza y 1 pizca de sal, agregue el aceite y deje reposar 1 h.

Justo antes de proceder a la cocción de los buñuelos, incorpore delicadamente 2 claras de huevo, batidas a punto de nieve, a la pasta. Caliente una freidora con 2 cm de aceite para freír.

Retire los cubos de pescado de la marinada, escúrralos sobre papel absorbente. Sumerja, calamares, gambas y cubos de pescado en la pasta échelos en el aceite a 180 °C, sin poner demasiados a la vez. Deje freír unos 5 minutos. Cuando estén bien dorados, escúrralos. Sirva enseguida acompañados de cuartos de limón y *mesclun* al aceite de oliva (p. 92).

Prepararà de la misma manera una fritura mixta de campo, reemplazando los calamares, las gambas y los cubos de pescado por cubos de apionabo de 4 cm de lado, rodajas de calabacines sin pelar, ramitos de brécoles, flores de calabacín u hojas de salvia fresca que incorporará crudas a la pasta. Sirva caliente, rociado con un hilo de zumo de limón.

6 personas
Preparación: 30 min
Cocción: unos 30 min
Maceración y reposo: 1 h

600 g de calamares de 10 cm
600 g de rape
o de dorada
20 cl de leche
500 g de gambas
medianas
aceite para freír

Para la marinada:
zumo de 1/2 limón
6 cuch. soperas de aceite
de oliva
2 cuch. soperas de hierbas
variadas (tomillo, orégano,
perejil)

Para la pasta de buñuelos:
125 g de harina fina
4 cucharadas soperas de
cerveza blanca
1 cuch. sopera de aceite
2 claras de huevo
sal

6 personas
Preparación: 30 min
Cocción: 15 min

300 g de champiñones
fuertes u otras setas frescas
1 diente de ajo
100 g de requesón
o de ricotta
1 huevo + 1 clara
60 g de queso parmesano
rallado
15 hojas de menta
aproximadamente
2 rollos de masa
de hojaldre de mantequilla
lista para usar
aceite de oliva, mantequilla
sal, pimienta

[hojaldre de champiñones]

Limpie cuidadosamente los champiñones, córtelos en láminas finas y rehóguelos en la sartén con 2 cucharadas soperas de aceite de oliva a fuego fuerte. Pele y chafe el ajo, agréguelo a los champiñones. Apenas hayan terminado de soltar el agua, retírelo del fuego.

Mézclelos con el queso, el huevo entero batido, el parmesano y la menta picada hasta obtener una farsa homogénea. Salpimente.

Desenrolle la masa de hojaldre. Con la ayuda de un vaso boca abajo o un cortapastas corte pequeños discos dejando el mínimo espacio entre ellos.

Coloque 1 cucharada sopera escasa de farsa en el centro de la mitad de los redondeles obtenidos y luego cubra con los discos restantes. Apriete bien los bordes de la masa con los dedos húmedos para sellarlos.

Precaliente el horno a 180 °C (t. 6). Decore la parte de arriba de cada hojaldre con recortes de masa y unte con la yema de huevo batida.

Colóquelos en la fuente para horno untada con mantequilla y cueza unos 15 minutos. Sirva caliente.

[tomates secados]

Para unos 3 frascos
Preparación: 15 min
Cocción: 3 h

2,5 kg de tomates
pequeños y muy dulces
25 cl de aceite de oliva
sal gorda, orégano

Lave los tomates y córtelos en dos a lo largo, quíteles las semillas y el agua apretándolos con la punta de los dedos.

Coloque los tomates apretados en la placa del horno untada con aceite. Espolvoréelos con sal gorda. Cuézalos 3 h aproximadamente al horno a 80 °C (t. 2-3): se deshidratarán y luego se desecarán.

Distribúyalos en los frascos que habrá hervido, con algunas pizcas de orégano, apriételos y cúbralos con aceite de oliva. Ciérrelos y guárdelos al fresco.

Puede consumirlos 3 días más tarde y conservarlos 2 meses al fresco.

[pequeños hojaldres de tomates secados]

Desenrolle la masa de hojaldre y colóquela sobre un papel sulfurizado. Con la ayuda de un vaso boca abajo corte discos pequeños partiendo del borde y dejando el mínimo de espacio entre cada uno. Coloque estos redondeles de masa en la placa de horno forrada con una hoja de papel de aluminio untada con aceite.

Precaliente el horno a 200 °C (t. 6-7). Corte la mozzarella en rodajas finas. Unte cada redondel con un poco del puré de tomates secados y luego disponga 1/2 rodaja de mozzarella, salpimente, agregue el orégano y un hilo de aceite de oliva.

Cueza 13 min al horno vigilándolo. Apenas los hojaldres estén a punto, corte con tijera la albahaca por encima de la mozzarella derretida y sirva enseguida.

4-6 personas
(16 hojaldres)
Preparación: 10 min
Cocción: 13 min

1 rollo de masa de hojaldre
de mantequilla listo para usar.
100 g (1 bola) de mozzarella
6 cuch. soperas de puré
de tomates secados en conserva
3 pizcas de orégano seco
algunas hojas de albahaca frescas
aceite de oliva
sal, pimienta

[berenjenas en conserva]

2-3 frascos
Preparación: 30 min
Cocción: 5 min
Reposo: 1 h
Maceración: 12 h

4 berenjenas
25 cl de vinagre blanco
1 guindilla verde pequeño,
cortada en tiras
4 dientes de ajo grandes
picados
2 cuch. de café
de pimientas
en grano variadas
50 cl aproximadamente
de aceite de oliva
sal

Lave las berenjenas, quíteles el rabillo y pélelas. Córtelas en rodajas de 1 cm de grosor, espolvoréelas con sal fina y déjelas escurrir 1 h.

Lleve a ebullición 2 litros de agua acidulada con vinagre. Escurra las rodajas de berenjena, sumérjalas en el líquido hirviendo y cuézalas 2 min a partir de que rompa el hervor. Escúrralas cuidadosamente. En una ensaladera mezcle las berenjenas, la guindilla verde, el ajo y la pimienta. Si es necesario rectifique la sazón, cubra con aceite de oliva y deje macerar al fresco toda la noche.

Al día siguiente, distribuya las berenjenas al igual que la guindilla y la pimienta en los frascos hervidos, apriételas, cúbralas con aceite de oliva. Cierre bien.

Estas berenjenas se conservarán por lo menos 2 meses en la nevera.

[fricasé de alcachofas tiernas]

Lave las alcachofas, quíteles las hojas duras de alrededor y deje la mitad del rabillo. Con la ayuda de un cuchillo puntiagudo, corte las alcachofas en láminas finísimas, desde el rabillo hacia la cabeza, como si sacara punta a un lápiz. Corte la punta de la cabeza en dos o en cuatro según el grosor.

Pele las escalonias y los dientes de ajo, pique las primeras, filetee los segundos. En una sartén grande, rehogue 2 min las escalonias en aceite, luego agregue las alcachofas y el ajo, salpimente, y deje dorar 2 min a fuego fuerte.

Moje con el vino blanco, agregue el tomillo, tape y deje cocer a fuego bajo 10 min: las alcachofas deben quedar un poco crujientes. Sírvalas calientes o frías, espolvoreadas con perejil picado.

6 personas
Preparación : 15 min
Cocción : 10 min

12 alcachofas pequeñas
tiernas
3 escalonias
2 dientes de ajo
6 cuch. soperas de aceite
de oliva
20 cl de vino blanco seco
1 ramita de tomillo
2 cuch. soperas de perejil
de hoja plana picado
sal y pimienta recién molida

[calabacines rellenos con almendras]

Lave los calabacines y quíteles el rabillo y la punta. Córtelos en dos a lo largo. Ahueque las mitades obtenidas con la ayuda de un cuchillo puntiagudo, al bies con un grosor de 1 cm y reserve la pulpa.

Moje las rodajas de pan en la leche. Bata el huevo, agregue la pulpa de los calabacines picada fino, el parmesano, la albahaca. Exprima bien el pan para escurrirlo y agréguelo. Mezcle para obtener una masa lisa, salpimente. Añada las almendras.

Coloque los calabacines en una fuente para horno untada con aciete. Rellénelas con la preparación de almendras y rocíe con un hilo de aceite de oliva.

Cueza unos 35 min al horno a 180 °C (t. 6), hasta que los calabacines estén ligeramente dorados.

4 personas
Preparación: 15 min
Cocción: 35 min

4 calabacines medianos
4 rodajas de pan
con la corteza
20 cl de leche
1 huevo
30 g de parmesano
1 cuch. sopera de albahaca
picada
20 g de almendras fileteadas
aceite de oliva
sal, pimienta

El tomate sirve en este caso de base para una deliciosa preparación mediterránea de berenjenas, alcaparras y piñones. Ponga atención en elegir tomates bien maduros para realzar los sabores.

[tomates rellenos con pisto]

6 personas
Preparación: 20 min
Cocción: 30 min

2 berenjenas medianas
4 cuch. soperas de aceite de oliva
4 ramas de apio tierno
2 cebollas
15 tomates
15 aceitunas negras deshuesadas
1 cuch. sopera de alcaparras en vinagre
1 cuch. sopera de piñones
1 cuch. sopera de pasas
1 cuch. sopera de albahaca picada
1 cuch. sopera de azúcar
1 cuch. sopera de vinagre balsámico
sal y pimienta recién molida

Lave las berenjenas, quíteles las puntas antes de cortarlas en cubos pequeños. Póngalos en una cacerola con 3 cucharadas soperas de aceite y deje que se ablanden 10 min removiendo cada tanto. Corte el apio en láminas finas, pele y pique las cebollas. Sumerja 3 tomates unos segundos en agua hirviendo, refrésquelos, pélelos y córtelos groseramente.

Rehogue juntos el apio y las cebollas en el resto del aceite 8-10 min a fuego bajo. Agregue los tomates cortados, remueva, luego las aceitunas negras cortadas en dos, las alcaparras, los piñones, las pasas, la albahaca y el azúcar.

Vierta esta preparación sobre las berenjenas, salpimente. Revuelva 1 min a fuego fuerte, agregue el vinagre, tape y deje cocer unos 10 min a fuego, revolviendo cada tanto.

Corte los 12 tomates restantes en dos, ahuéquelos delicadamente quitándoles las semillas y el agua, y rellénelos con el pisto. Colóquelos en platos pequeños, si desea sobre un lecho de hojas verdes cortadas en juliana, cubra con un hilo de aceite de oliva y sirva el resto del pisto aparte.

[champiñones marinados en vinagre]

6 personas
Preparación: 15 min
Cocción: 2 min
Refrigeración: 8 h

500 g de champiñones
1 limón
15 cl de vinagre blanco
1 hoja de laurel
1 ramita de tomillo fresco
1 diente de ajo
2 cuch. soperas de aceite de oliva
2 cuch. de café de sal
perejil fresco picado

Limpie los champiñones, enjuáguelos rápidamente. Lave el limón y ralle la cáscara. Exprímalo. Ponga los champiñones en una ensaladera y rocíelos con el zumo de limón.

En una cacerola, lleve a ebullición 25 cl de agua con el vinagre y las hierbas aromáticas, el diente de ajo chafado y el aceite de oliva. Deje hervir 1 min y vierta hirviendo sobre los champiñones. Salpimente, espolvoree con la cáscara rallada, tape con un plato y deje enfriar antes de ponerlo en la nevera. Consuma estos champiñones unas horas después o al día siguiente. Pero se conservarán muy bien 3 días en la nevera.

Para servirlos, escúrralos, colóquelos en un plato pequeño, agregue perejil picado y un hilo de aceite de oliva.

[boquerones marinados en limón]

6 personas
Preparación: 20 min
Maceración: 6 h

400 g de boquerones frescos
2 dientes de ajo
1 manojo de perejil
1 cuch. de café de orégano
zumo de 2 limones
10 cl de aceite de oliva
sal y pimienta

Escame los boquerones, vacíelos y ábralos en dos de un solo lado; corte la cabeza y separe la raspa. Enjuáguelos muy rápidamente, séquelos. Pele y pique el ajo, lave el perejil, píquelo también. Mezcle todo con el orégano. Coloque una capa de boquerones en una terrina, cubra con el picadillo de ajo y perejil, y continúe así, alternándolas.

En un cuenco mezcle el aceite de oliva y el zumo de los limones, salpimente y vierta sobre los boquerones. Deje macerar 6 h al fresco. Sirva con el aperitivo o como entrada con tostadas.

[calamares rellenos]

Haga que el pescadero le prepare los calamares, conservando en lo posible los tentáculos o, si usa congelados, descongélelos. Pique el perejil, los dientes de ajo pelados y los tentáculos (si utiliza calamares congelados, separe dos, que picará en su lugar). Mezcle todo en un cuenco, agregue el huevo entero, el pan rallado, el parmesano rallado y las gambas picadas groseramente. Mezcle bien, pimente con generosidad y agregue 1 pizca de sal.

Enjuague los cuerpos de los calamares y rellénelos con la preparación. Cierre con un mondadientes.

Caliente el aceite de oliva en una sartén grande y rehogue los calamares por todos los lados. Apenas empiecen a tomar color, desglase con el vino blanco y deje cocer a fuego bajo 5 min tapado y luego 15 min destapado, hasta que el vino se haya evaporado casi por completo. Sirve enseguida.

4 personas
Preparación: 20 min
Cocción: 20 min

800 g de calamares frescos
o 600 g congelados
3 ramas de perejil
de hoja plana
2 dientes de ajo
1 huevo
4 cuch. soperas
de pan rallado
2 cuch. soperas
de parmesano rallado
200 g de gambas peladas
5 cuch. soperas de aceite
de oliva
25 cl de vino blanco seco
sal y pimienta

[pimientos confitados con tomate y anchoas]

Lave los pimientos y córtelos en dos o en cuatro, según su tamaño (deben ser más o menos como un limón). Quíteles las semillas. Lave y corte los tomates en rodajas, rellene con ellos los pimientos. Distribuya por encima el ajo machacado, luego coloque una anchoa sobre cada pimiento.

Precaliente el horno a 200 °C (t. 6-7).

Ponga los pimientos rellenos en una fuente untada con aceite, espolvoréelos con pan rallado y luego vierta sobre cada uno 1 gota de tabasco. Cueza 35 min al horno, hasta que estén ligeramente dorados. Al final de la cocción, espolvoree con el perejil picado.

Pueden comerse calientes o fríos, como entrada, solos o en un plato variado.

4-6 personas
Preparación: 10 min
Cocción: 35 min

4 pimientos rojos y amarillos
4 tomates
2 dientes de ajo
8 filetes de anchoas en aceite
4 cuch. soperas de aceite
de oliva
1 cuch. sopera de perejil
picado
tabasco
un poco de pan rallado

4 personas
Preparación: 15 min
Cocción: 2 min

6 rodajas de hogaza rústica
cortadas en dos
6 cuch. soperas de aceite de oliva
2 dientes de ajo
1 tomate

Para la *tapenade*:
125 g de alcaparras en vinagre
250 g de aceitunas negras
o verdes deshuesadas
1 cuch. de café de tomillo fresco
o seco
15 cl de aceite de oliva
el zumo de 1 limón
pimienta

Prepare la *tapenade*: enjuague las alcaparras con agua fría y escúrralas sobre papel absorbente. Bátalas con las aceitunas Páselas por la batidora y el tomillo. Vierta el aceite de oliva en hilo, y luego el zumo del limón. Pimente.

Encienda el grill del horno. Coloque las rodajas de pan en la placa del horno, rocíe cada una con 1/2 cucharada sopera de aceite de oliva y dórelas ligeramente por cada lado, a 8 cm del grill. Frótelas con ajo y luego con tomate cortado en dos. Unte con la *tapenade*.

[*bruschetta y tapenade*]

La *bruschetta* es el arte culinario en su aspecto más simple, en principio sólo una rodaja de pan tostado y mojado con aceite de oliva. ¡Pero qué manjar! El pan debe ser de primera calidad, de preferencia pan leudado un poco ácido. En cuanto al *carpaccio*, que toma su nombre del célebre pintor veneciano del siglo XV, hace unos veinte años que ha adquirido popularidad fuera de Italia.

[surtido de *carpaccio*]

Carpaccio **de filete de buey:** envuelva el filete de buey en papel de aluminio y póngalo 1 h en el congelador. Córtelo en rodajas muy muy finas y distribúyalas en un plato.

Mezcle el aceite de oliva, el zumo de limón, salpimente y vierta esta salsa sobre la carne. Colóquela 15 min en la nevera. En el momento de servir, decore con escamas de parmesano, que se obtienen con un cuchillo para queso, y con albahaca o rúcula.

Carpaccio **de ternera al romero:** corte fino las ramas de romero y mézclelas con la cáscara del limón y el aceite de oliva. Tape y deje macerar toda la noche.

Al día siguiente, ponga la carne 1 h en el congelador antes de cortarla en láminas finas. Dispóngalas en una fuente grande, cubra con la marinada, espolvoree con sal y muela por encima un poco de pimienta. Decore con rúcula y tomates cereza.

Carpaccio **de atún con ajo y guindillas:** deje toda la noche la guindilla cortada en dos o las guindillas pequeñas secas abiertas, en el aceite de oliva.

Al día siguiente, pele el ajo, lave y seque el perejil, pique ambos fino. Espolvoree con ellos las rodajas de atún, salpimente y cubra con el aceite de las guindillas acondicionada con zumo de limón (sin las guindillas).

Carpaccio de filete de buey
4-6 personas
Preparación: 10 min
Congelación: 1 h
Refrigeración: 1 h

500 g de filete de buey
15 cl de aceite de oliva
el zumo de 1 limón
50 g de parmesano
en un trozo
2 cuch. soperas
de albahaca o rúcula
sal y pimienta recién molida

Carpaccio de ternera
al romero
4-6 personas
Preparación: 10 min
Maceración: 12 h
Congelación: 1 h

4 ramas de romero fresco
la cáscara rallada de 1 limón
20 cl de aceite de oliva
500 g de carne de ternera
(redondo)
unas hojas de rúcula
tomates cereza
sal, pimienta recién molida

Carpaccio de atún con ajo
y pimientos
4 personas
Preparación: 10 min
Maceración: 12 h

1 pimiento fresco o 3
pimientos secos
20 cl de aceite de oliva
2 dientes de ajo
1 puñado de perejil
400 g de atún fresco
desmenuzado
el zumo de 1 limón
sal, pimienta

[buñuelos de ricotta]

4-6 personas
Preparación: 10 min
Reposo: 1 h
Cocción: 5 min

250 g de ricotta
o de requesón
2 huevos
2 cuch. soperas de harina
2 cuch. soperas de
cebollino picado
4 cuch. soperas de perejil
picado
4 cuch. soperas de alcaparras
en vinagre
1 cuch. de café de sal
aceite para freír
pimienta

Chafe la ricotta o el requesón con el tenedor en un cuenco. Agregue los huevos enteros, la harina, el cebollino, el perejil, las alcaparras, la sal y pimente ligeramente. Deje reposar 1 h al fresco.

Caliente el aceite para freír. Cuando esté caliente (180 °C), vierta en ella cucharadas soperas de pasta, cuidando de que no se toquen. Deje dorar de manera uniforme, unos 5 min, dándoles la vuelta. Escúrralos sobre papel absorbente y sirva de inmediato.

Acompañados con *mesclun* con aceite de oliva al limón (p. 92), estos buñuelos son una excelente entrada solos o en un plato variado.

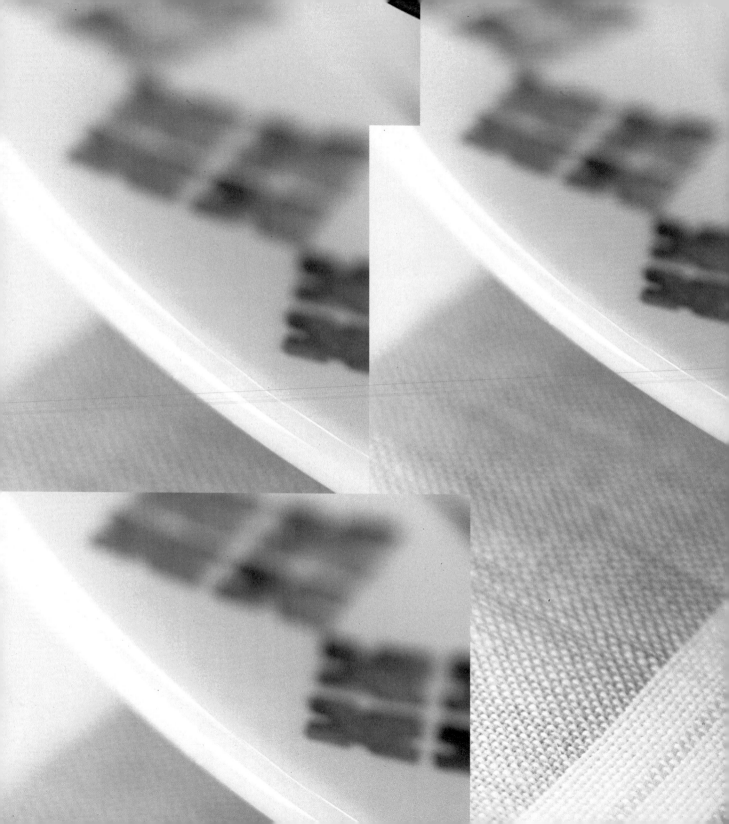

pastas, arroz y ñoquis

pastas, arroz y ñoquis

indispensables
pastas

Sin sus pastas de mil formas, frescas o secas, de harina, sémola, coloreadas

con espinaca, tomate, tinta de sepia, y hasta guindilla roja, ¿qué sería de Italia?

La pasta se ha convertido en el símbolo culinario de este país (aunque Grecia

las consume mucho). Pero no hay que olvidar el arroz de Italia, el noble arbo-

rio o carnaroli de la llanura del Po; sólo sus variedades de grano redondo per-

miten preparar el *risotto* untuoso y cremoso.

4 personas
Preparación: 20 min
Cocción: unos 8 min

1 puñado de pasas
8 anchoas en aceite
4 dientes de ajo
500 g de brécoles
400 g de plumas
1 puñado de piñones
15 cl de aceite de oliva
1 taza de pan rallado
unas gotas de tabasco
sal

[plumas con brécoles y anchoas]

Remoje las pasas en un cuenco de agua caliente. Pique las anchoas y el ajo. Lave los brécoles y sepárelos en ramitos. Cuézalos con las plumas (según el tiempo de cocción que indica el paquete) en una cacerola con agua salada.

Mientras tanto, rehogue 1 min, en 5 cl de aceite, las anchoas y el ajo picados y los piñones.

Escurra las plumas *al dente* y los ramitos de brécoles. Póngalos en una fuente con 5 cl de aceite, unas gotas de tabasco, el puré de anchoas y las pasas escurridas. Revuelva.

Dore el pan rallado 1 min en el resto del aceite, espolvoréelo sobre la pasta y sirva. En este caso el pan rallado reemplaza agradablemente al parmesano.

[*risotto* al azafrán]

Caliente el caldo de pollo. Retire dos cucharadas soperas y remoje en ellas el azafrán. Pele y pique las cebollas y rehóguelas 3 min a fuego bajo en 50 g de mantequilla. Añada el arroz y deje dorar sin dejar de revolver, luego vierta el vino blanco y deje cocer a fuego bajo hasta que se haya reducido a la mitad.

Vierta uno a uno algunos cucharones de caldo caliente en el arroz revolviendo regularmente. Cuando haya absorbido el líquido, repita la operación. Al cabo de 10 min, agregue el azafrán y su agua de remojo. Cueza unos 16 min, hasta que el arroz esté *al dente* en el interior y cremoso en el exterior, y siga virtiendo caldo regularmente. Fuera del fuego, agregue el resto de la mantequilla y el parmesano rallado. Revuelva con cuidado y sirva de inmediato.

4 personas
Preparación: 15 min
Cocción: unos 20 min

1,250-1,300 litros de caldo
de pollo
(hecho con 3 cubitos)
1/2 cuch. sopera
de hebras de azafrán
2 cebollas grandes
100 g de mantequilla
400 g de arroz arborio
(para *risotto*)
20 cl de vino blanco
100 g de parmesano rallado

[*suppli* con mozzarella]

Cueza el arroz 18-20 min, agregando el caldo a medida que vaya cociendo y revuelva regularmente: el arroz debe deshacerse en el exterior y quedar ligeramente fuerte en el interior.

Fuera del fuego, mézclelo con fuerza con los huevos y el parmesano, salpimente y deje enfriar. Corte el jamón y la mozzarella en trozos pequeños. En el hueco de la mano, coloque una buena cucharada sopera de arroz y, con la punta de los dedos, hunda algunos trozos de jamón y de mozzarella. Cierre el arroz de manera de obtener 1 bola del tamaño de una mandarina. Pase estos *suppli* (croquetas de arroz) por el pan rallado. Consérvelos al fresco o cuézalos enseguida.

Sumérjalos en la fritura caliente y déjelos cocer unos 5 min, hasta que estén dorados. Escúrralos y sírvalos con una ensalada de *mesclun* (p. 92) o una salsa de tomate cruda (p. 60).

6 personas (10 *suppli*)
Preparación: 30 min
Cocción: 25 min

400 g de arroz para *risotto*
1,500 litro de caldo de pollo
(hecho con un cubito)
2 huevos
50 g de parmesano rallado
2 lonchas de jamón cocido
100 g (1 bola)
de mozzarella
pan rallado
aceite para freír
sal, pimienta

[lasañas
de setas secas]

Ponga las setas secas en un cuenco con 75 cl de agua tibia y deje que se hinchen durante 15 min. Si es necesario, limpie el pie un poco terroso y quite las partes duras. Filtre el líquido y déjelo decantar 15 min.

Rehogue 5 min a fuego bajo las escalonias picadas en 30 g de mantequilla. Agregue las setas escurridas, cueza 2 min y moje con el líquido filtrado y decantado. Tape y cueza a fuego bajo 15 min. Vuelva a escurrir las setas y conserve 50 cl del jugo.

Prepare una bechamel fluida: funda la mantequilla, agregue la harina y remueva 1 min. Vierta el jugo de las setas y mezcle con la cuchara de madera para evitar que se formen grumos (si esto sucediera, bata un poco con el batidor de varillas o la batidora). Vierta la leche y deje cocer muy lentamente 5 min, hasta que la bechamel apenas cubra el dorso de la cuchara. Fuera del fuego, añada la nata líquida y la nuez moscada, salpimente.

Precaliente el horno a 180 °C (t. 6). Engrase una fuente rectangular, cubra el fondo con una capa de bechamel y ponga encima una hilera de láminas de masa, cubra los intersticios con pequeños trozos cortados. Cubra con una capa de bechamel, agregue un tercio de las setas, espolvoree con parmesano. Continúe así hasta obtener 4 capas de masa y 3 de setas. Termine con la masa cubierta de bechamel y espolvoreada con parmesano. Cueza al horno 30 min.

Si utiliza láminas de masa seca en vez de fresca, deje que la fuente de lasañas se impregne por lo menos durante 1 h antes de ponerla al horno.

6 personas
Preparación: 30 min
Remojo: 15 min
Reposo: 15 min
Cocción: 30 min

100 g de setas secas
3 escalonias
30 g de mantequilla
1 veintena de láminas
de masa fresca
100 g de parmesano fresco
rallado

Para la bechamel:
50 g de mantequilla
70 g de harina
1 litro de leche
20 cl de nata líquida
1 pizca de nuez moscada
sal y pimienta

700 g de espinacas frescas
o congeladas
50 g de mantequilla
500 g de ricotta
o de requesón
2 pizcas de nuez moscada
4 huevos
150 g de harina
100 g de parmesano rallado
2 cuch. soperas de aceite
de oliva
harina
sal, pimienta

Para la mantequilla a la salvia:
150 g de mantequilla
15 hojas de salvia frescas o
secas

[ñoquis verdes]

Elija y lave las espinacas con abundante agua. Póngalas en una cacerola con 3 cucharadas soperas de agua, tape y deje cocer 5 min (si son congeladas cueza 15 min). Escúrralas y exprímalas bien: debe conseguir unos 400 g, una vez sacado el máximo del agua.

Vuelva a poner las espinacas en la cacerola con 30 g de mantequilla, mezcle y córtelas un poco con tijera. Agregue la ricotta o el requesón, la nuez moscada, salpimente, cueza 3-4 minutos a fuego suave revolviendo. Fuera del fuego, incorpore los huevos uno a uno, luego 100 g de harina y el parmesano. Mezcle bien y deje reposar por lo menos 1 h en la nevera.

Con la ayuda de una cucharilla de café retire montoncitos de la pasta y haga bolitas del tamaño de una nuez pequeña, enharínelas.

Precaliente el horno a 160 °C (t. 5-6). Lleve a ebullición una gran cantidad de agua salada acondicionada con aceite de oliva. Eche los ñoquis. Apenas estén cocidos, subirán a la superficie: vaya retirándolos y poniéndolos en una fuente para horno untada con mantequilla. Manténgalos al calor en el horno el tiempo de cocerse todos y de preparar la mantequilla perfumada a la salvia según la receta de la p. 40.

[espaguetis al limón]

Lave los limones con agua tibia, cepíllelos, quíteles la cáscara y córtela en láminas muy finas. Sumérjalas 3 min. en agua hirviendo, escúrralas. En una cacerola pequeña funda (sin llegar a cocer) la mantequilla, agregue la nata líquida, revuelva. Detenga la cocción apenas haga los primeros borbotones. Fuera del fuego agregue el zumo de 1/2 limón, las cáscaras blanqueadas y salpimente. Cueza las pastas *al dente*, escúrralas con cuidado antes de verter la salsa. Mezcle bien y espolvoree con perejil picado y parmesano rallado.

Si ofrece estos espaguetis como plato principal, aumente las cantidades: 500 g de pasta, 6 cucharadas soperas de nata líquida y el zumo de 1 limón.

4 personas
Preparación: 10 min
Cocción: 8 min

2 limones de cultivo biológico
50 g de mantequilla
4 cuch. soperas de nata líquida
o de mascarpone
300 g de espaguetis
2 cuch. soperas de perejil
de hoja plana picado
parmesano rallado
sal, pimienta

6-8 personas
Preparación: 30 min
Cocción: 35 min

1,500 kg de patatas
harinosas
2 huevos
300 g de harina
mantequilla
sal

[ñoquis de patatas]

Lave las patatas y cuézalas 30 min en agua. Pélelas todavía calientes y páselas por el pasapurés. Agregue los huevos, la sal, mezcle, luego incorpore poco a poco la harina hasta obtener una pasta más bien firme.

Divida la pasta en diez porciones. Enrolle cada una de ellas en un cilindro largo de 3 cm de diámetro. Corte trozos de unos 3 cm, enharínelos.

Precaliente el horno a 160 °C (t. 5-6). Sumerja los ñoquis, en pequeñas cantidades, 6 o 7 por vez, en una cacerola de agua hirviendo salada. Apenas suban a la superficie, escúrralos bien y vaya colocándolos en una fuente untados con mantequilla. Manténgalos al calor en el horno el tiempo necesario para preparar una salsa de tomate (p. 60).

[salsa a la boloñesa]

6 personas
Preparación: 15 min
Cocción: 40 min

1 cebolla
1 zanahoria
1 rama de apio
1 diente de ajo
100 g de bacon
3 cuch. soperas de aceite
de oliva
300 g de carne de buey
picada
100 g de carne de salchicha
20 cl de vino tinto
20 cl de caldo
(hecho con un cubito)
4 cuch. soperas de
concentrado de tomate
400 g de tomates pelados
(o puré de tomate) en lata
1 cuch. de café de orégano
1 terrón de azúcar
2 pizcas de canela
sal y pimienta

Pele y corte fino la cebolla, la zanahoria y el apio. Pele y chafe el ajo. Corte el bacon en cubos pequeños. En una sartén, rehóguelos con aceite de oliva. Apenas empiecen a tomar color, agregue las verduras picadas, revuelva 1 min a fuego fuerte. Añada el ajo, la carne de buey picada y la carne de salchicha y cueza 3 min a fuego fuerte, chafando la carne con el tenedor. Vierta el vino y el caldo, agregue el concentrado de tomate y los tomates pelados, el orégano, el azúcar, la canela y salpimente.

Lleve a ebullición, tape y deje cocer 40 min-1 h, a fuego muy bajo, vigilándola: la salsa debe pegarse al dorso de la cuchara. Si le parece demasiado líquida, termine la cocción con el recipiente destapado; si está demasiado seca, agregue un poco de agua.

Esta salsa acompaña los espaguetis, pero también permite preparar lasañas, con una bechamel ligera, gratinadas al horno.

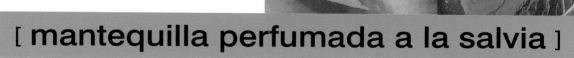

[mantequilla perfumada a la salvia]

Preparación: 5 min
Cocción: 3 min

100 g de mantequilla
15 hojas de salvia fresca
o seca
sal, pimienta

Funda la mantequilla en una sartén pequeña con las hojas de salvia hasta que tome un color avellana y las hojas se tuesten un poco. Salpimente. Vierta enseguida sobre los ñoquis, los ravioles o las pastas.

Siguiendo el mismo procedimiento, obtendrá una mantequilla perfumada al romero reemplazando las hojas de salvia por 5 ramas de romero deshojadas y agregando, eventualmente, 2 dientes de ajo chafados al final de la cocción.

Esta variante marinera sobre el tema de las lasañas seducirá a todos los amantes de las pastas y los frutos de mar. El parmesano es optativo: algunos cocineros italianos no lo usan con pescado. Para acompañarlo, un blanco joven y seco será ideal.

[lasañas marineras]

Prepare el caldo corto: rehogue la escalonia picada en un fondo de aceite, agregue la zanahoria cortada en trozos y revuelva. Vierta 1,500 litros de agua y añada las hierbas y los aromas, sale. Deje hervir 5 min. Sumerja los pescados en el caldo corto. Apenas vuelva a romper el hervor retire del fuego y deje escaldar 3 min. Retire los pescados, quíteles la piel y las espinas y resérvelos. Reserve el caldo corto. Limpie los mejillones y hágalos abrir a fuego bajo y tapados. Quíteles las cáscaras. Filtre el agua de cocción, luego el caldo corto para de obtener 1,250 litros de caldo corto.

Prepare la bechamel fluida: derrita la mantequilla con la harina, mezcle 1 min, luego vierta el fumet (caldo corto) en pequeñas cantidades revolviendo con una cuchara de madera para evitar la formación de grumos. Deje hervir muy suavemente 5 min, hasta que la bechamel se pegue ligeramente al dorso de la cuchara. Fuera del fuego agregue la nata líquida y el zumo de limón.

Pele las cebollas y déjeles un poco de la parte verde, rehóguelas a fuego bajo con la mantequilla. Precaliente el horno a 180 °C (t. 6). Unte con mantequilla una fuente y cubra el fondo con una capa de bechamel. Coloque encima una hilera de láminas de masa, cubra los intersticios con pequeños trozos cortados. Vierta encima la bechamel, agregue un tercio de los trozos de pescado, luego un tercio de los mejillones, las gambas, las cebollas y la albahaca. Continúe así hasta obtener 4 capas de masa y 3 de frutos de mar. Termine con la masa cubierta de bechamel y espolvoreada con parmesano. Cueza 30 min al horno y sirva.

6 personas
Preparación: 40 min
Cocción: 30 min

600 g de filetes de salmón fresco
400 g de pescado blanco (bacalao o merluza)
500 g de mejillones frescos
4 cebollas tiernas
10 g de mantequilla
1 veintena de láminas de masa fresca
200 g de gambas peladas
2 cuch. soperas de albahaca picada
30 g de parmesano

Para el caldo corto (fumet):
1 zanahoria
1 escalonia
1 rama de tomillo
1 hoja de laurel
unas ramas de perejil
aceite
sal

Para la bechamel:
50 g de mantequilla
50 g de harina
el zumo de 1/2 limón
25 cl de nata líquida

[rollos de espinacas y ricotta]

6 personas
Preparación: 45 min
Reposo: 1 h
Cocción: 45 min

800 g de espinacas congeladas
500 g de ricotta fresca
o de requesón
2 huevos
200 g de parmesano
1 pizca de nuez
moscada
200 g de mascarpone
o de nata líquida
sal y pimienta

Para el *coulis* de tomates:
1 cebolla
3 cuch. soperas de aceite
400 g de pulpa de tomate
2 cuch. soperas
de concentrado de tomate
1 diente de ajo
1 rama de tomillo

Para la pasta para crêpes:
250 g de harina
3 huevos
30 cl de leche
30 cl de cerveza
2 cuch. soperas de aceite
1 pizca de sal

Prepare la pasta para crêpes: ponga la harina en un cuenco, haga un hueco y casque en él los huevos, uno a uno. Mezcle, vierta poco a poco la leche, luego la cerveza, hasta que la pasta esté bien homogénea. Agregue el aceite y la sal. Deje reposar 1 h. Haga las crêpes y resérvelas cubiertas con film transparente.

Cueza unos 10 min las espinacas congeladas con 1 cucharada sopera de agua, tapadas. Escúrralas y exprímalas para quitarles el máximo del agua. En un cuenco, mezcle las espinacas, la ricotta o el requesón, los huevos, 100 g de parmesano y la nuez moscada. Salpimente. Reserve.

Prepare los *coulis*: pele y pique la cebolla, rehóguela 2 min en aceite, agregue la pulpa y el concentrado de tomate, 20 cl de agua, el ajo pelado y chafado y el tomillo, deje que se reduzca durante 15 min a fuego bajo y destapado.

Precaliente el horno a 200 °C (t. 6-7). Coloque en el tercio superior de cada crêpe 2 cucharadas soperas al ras de farsa, doble los costados y enrolle. Repita el procedimiento con todas las crêpes.

Incorpore el mascarpone al *coulis* de tomates. Coloque los rollos en una fuente para horno untada con mantequilla, y cúbralos con la mezcla, espolvoree con el resto del parmesano y cueza unos 15 min al horno. Si prepara este plato por adelantado, agregue el *coulis* a último momento. También puede consumirlo frío.

[tagliatelli con col]

4-6 personas
Preparación: 20 min
Cocción: 15 min

1/2 col verde
3 dientes de ajo
6 cuch. soperas de aceite
de oliva
250 g de mascarpone
160 g de jamón del país tierno
500 g de tagliatelli
parmesano rallado
sal, pimienta

Quite las primeras hojas grandes de la col y corte la media col en dos. Cueza 10 min en agua hirviendo salada: la col debe quedar crujiente. Escúrrala. Quite el tallo, corte las hojas en tiras finas.

Pele y pique el ajo. Haga que se dore apenas en 3 cucharadas soperas de aceite de oliva, luego agregue las tiras de col. Salpimente con abundancia y deje cocer 5 min revolviendo. Agregue el mascarpone. Reserve. Corte el jamón en tiras finas de 1 cm de grosor, en el sentido del largo.

En una gran cacerola de agua hirviendo salada y acondicionada con algunas gotas de aceite, cueza los tagliatelli. Cuando estén *al dente*, escúrralos, viértalos en una fuente de servicio con el resto del aceite. Revuelva.

Recaliente la col 1 min, agregue el jamón y vierta sobre las pastas. Revuelva y sirva enseguida, acompañadas de parmesano rallado.

[pastas frescas]

6 personas
Preparación: 30 min
Reposo: 1 h
Cocción: 4 min

500 g de harina tamizada
5 huevos
1/2 cuch. de café de sal

En la superficie de trabajo, mezcle la harina y la sal, reúnalas en forma de volcán y casque allí los huevos. Lleve delicadamente la harina de los bordes hacia el interior para obtener una pasta grosera y amásela 15 min con la mano hasta que sea ligera y brillante. Envuélvala en film transparente y deje reposar 1 h.

Divida la masa en 4 porciones iguales. Aplástelas en galletas anchas de 5 mm de grosor. Páselas por los rollos de la amasadora en la separación máxima. Enharine ligeramente las dos caras de la tira obtenida, dóblela en dos y repita la operación 5 o 6 veces, cerrando cada vez más la abertura entre los rodillos. Enharine ligeramente e iguálelas. Deje la pasta 10 min al aire antes de cocinarla.

[tagliatelli gratinados con langostinos]

6 personas
Preparación: 40 min
Cocción: unos 30 min

1 kg de langostinos frescos
o congelados
2 cebollas blancas
2 dientes de ajo
2 cuch. soperas de aceite
de oliva
30 g de mantequilla
600 g de tagliatelli frescos o
secos
2 cuch. soperas de perejil
de hoja plana picado
50 g de parmesano
sal y pimienta

Para la bechamel:
50 g de mantequilla
80 g de harina
4 cl de leche
10 cl de vino blanco seco
2 cuch. soperas de nata
líquida
2 cuch. soperas de mostaza

Sumerja los langostinos 5 min en 1,500 litros de agua hirviendo salada. Retírelos y conserve el agua de cocción. Pélelos y reserve la carne. Vuelva a poner en el agua las cáscaras y las cabezas, tape y deje cocer a fuego bajo 15 minutos chafándolos cada tanto. Filtre este caldo y reserve 50 cl.

Pele las cebollas blancas y córtelas en rodajas finas. Pele y chafe el ajo. Rehogue 5 min las cebollas en una mezcla de aceite y mantequilla, añada el ajo chafado y retire del fuego.

Prepare una bechamel. Funda la mantequilla con la harina. Agregue el caldo de langostino, revolviendo sin cesar, luego la leche y, por último, el vino blanco, salpimente. Deje cocer a fuego bajo 5 min hasta que la salsa se pegue al dorso de la cuchara. Fuera del fuego agregue la nata líquida, la mostaza y los langostinos cortados en trozos.

Cueza 6 min los tagliatelli en agua hirviendo salada: deben quedar *al dente*.

Precaliente el horno a 180 °C (t. 6). Escurra la pasta, viértala en una fuente para horno, cúbralos con la salsa bechamel y agregue el perejil picado. Mezcle bien. Espolvoree con el parmesano y gratine unos 10 min, controlándolo. Sirva enseguida.

6-8 personas
Preparación: 30 min
Reposo: 15 min
Cocción: unos 40 min

1/2 calabaza
(de 35 cm de diámetro)
4 huevos
1,250 kg de harina fina
mantequilla
sal

[ñoquis de calabaza]

Pele, quite las semillas y corte la calabaza en cubos gruesos. Cueza unos 30 min en agua hirviendo salada. Escurra al máximo: debe obtener alrededor de 1,500 kg de pulpa.

Bata esta pulpa tibia con el tenedor agregando los huevos uno a uno. Vaya vertiendo la harina. Cuando la pasta sea homogénea y elástica, déjela reposar 15 min. Unte con mantequilla una fuente grande y consérvela al calor en el horno a 160 °C (t. 5-6).

Lleve a ebullición una cacerola grande con agua salada. Con la ayuda de dos cucharas soperas previamente humedecidas en agua caliente, saque una nuez de pasta y deslícela en el agua de la cacerola. Continúe con el mismo procedimiento con el resto de la pasta. Cuando suban a la superficie, señal de que están cocidos, escúrralos y colóquelos en la fuente con unos copos de mantequilla. Sírvalos con mantequilla a la salvia (p. 40) y parmesano rallado.

carnes y pescados

carnes y pescados

tierra y mar

Los productos marinos son muy apreciados en Italia, donde el mar nunca está lejos de donde uno se encuentra. Los pescados del Mediterráneo se realzan con preparaciones simples y seductoras. La carne preferida es la ternera, y entre los pescados, el atún, «ternera del mar», es un plato selecto. En el sur se prepara el cordero de matorral oloroso, mientras que el norte de Italia se consagra a la ganadería bovina y porcina. Esta última produce sabrosos jamones que se deshacen en la boca.

4-6 personas
Preparación: 15 min
Cocción: 10 min

3-4 gambas por personas
frescas o congeladas
sal

Para el *pistou*:
4 cuch. soperas de albahaca
4 cuch. soperas de perejil
de hoja plana
50 g de piñones o de nueces
2 dientes de ajo
3 cuch, soperas de parmesano
4 cuch. soperas de aceite
de oliva
pimienta

[gambas asadas
con *pistou*]

Coloque las gambas sobre papel absorbente. Con la ayuda de un pequeño cuchillo dentado, puntiagudo, córtelas en dos a lo largo.

En la placa del horno forrada con papel de aluminio coloque las mitades de gambas, sale con la punta de los dedos.

Precaliente el horno a 200 °C (t. 6-7). Prepare el *pistou* pasando por la batidora todos los ingredientes. Unte con esta preparación las mitades de gambas.

Encienda el grill del horno, ponga la placa a la mitad de la altura y cueza 10 min, controlándolas.

[cordero
a la crema de ajo]

Lave la espaldilla y séquela con papel absorbente. Desgrásela un poco con la ayuda de un cuchillo fino y hágale unos diez cortes, por encima y por debajo. Mezcle las hojas de las hierbas de romero con 1 cucharadita de café de sal y 1 de pimienta. Unte la espaldilla con esta mezcla aromática haciendo que penetre bien en las hendiduras. Coloque la carne en una fuente para horno, vierta un hilo de aceite de oliva y un poco de la mezcla aromática si le queda.

Separe todos los dientes (con su piel) de 1 cabeza de ajo y distribúyalos alrededor de la carne. Corte la parte de arriba de la otra cabeza de ajo, échele unas gotas de aceite, y envuélvala en papel de aluminio con unas hojas de romero. Cierre bien y coloque en la fuente.

Vierta 15 cl de agua en la fuente, póngala al horno (sin precalentar) y cueza 1 h a 160 °C (t. 5-6), rociando regularmente la carne. Agregue las patatas cortadas en bastones gruesos y deje cocer otros 30 min a 200 °C (t. 6-7). 5 minutos antes del final de la cocción, quite la papillote, ábrala y deje entibiar. Con la ayuda de un tenedor, apriete los dientes de ajo para extraer la pulpa y cháfela en una cacerola pequeña. Añada el mascarpone y caliente a fuego bajo. Con los primeros borbotones, retire del fuego y salpimente.

Coloque la carne en una fuente de servicio con las patatas y los dientes de ajo confitados. Mantenga al calor en el horno.

Desglase el fondo de cocción con 3 cucharadas soperas de agua rascando bien. Incorpore a la crema de ajo. Caliente 1 min y vierta en una salsera. Sirva bien caliente.

6 personas
Preparación: 20 min
Cocción: 2 h

1 paletilla de cordero
8 ramas de romero
(de 20 cm)
2 cabezas de ajo
12 patatas medianas
de carne firme
250 g de mascarpone
aceite de oliva
sal, pimienta

[ternera al atún]

Pele el ajo, las cebollas y las zanahorias. Corte las cebollas en cuatro, las zanahorias y el apio en trozos. Clave en la carne agujas de ajo y pequeños trozos de anchoas, póngala en una cazuela con las verduras, el ramito de hierbas, el cubito de caldo y el vino blanco. Cubra abundantemente con agua y lleve a ebullición. Deje cocer 1 h 30 min a fuego medio tapado. Deje enfriar la carne en su caldo después de retirar 1 taza.

Prepare la salsa de atún: escurra el atún y las anchoas del aceite, bátalos. Páselos a un cuenco, agregue la yema de huevo, pimente, y monte como una mayonesa vertiendo aceite de oliva poco a poco. Incorpore entonces 2 cucharadas soperas de caldo desgrasado, el zumo de limón, la nata líquida y las alcaparras.

Corte la carne fría en rodajas muy finas. Extienda en una fuente grande una capa fina de salsa de atún, coloque las rodajas de ternera encima y cúbralas con el resto de la salsa nivelándola con una espátula. Cubra con film transparente y deje en la nevera toda la noche.

Al día siguiente, decore el contorno de la fuente con algunas hojas de ensalada verde cortadas con tijera, tomates cereza, aceitunas negras y pequeños cuartos de limón. Esta ternera fría es ideal para recibir un día de verano.

6 personas
Preparación: 30 min
Refrigeración: 12 h
Cocción: 1 h 30 min

4 dientes de ajo
2 cebollas
2 zanahorias
3 ramas de apio
1,200-1,500 kg de redondo
de ternera preparado para asar
4 filetes de anchoas en aceite
1 ramillete de hierbas
(tomillo, laurel, perejil)
1 cubito de caldo
20 cl de vino blanco seco
hojas verdes para ensalada,
tomates cereza, aceitunas
negras, cuartos de limón
para decorar
pimienta

Para la salsa:
1 lata pequeña de atún
en aceite (160 g)
6 anchoas en aceite
1 yema de huevo
15 cl de aceite de oliva
el zumo de 1 limón
2 cuch. soperas de nata
líquida
2 cuch. soperas de
alcaparras en vinagre

[sopa de pescado]

6 personas
Preparación: 40 min
Cocción: 1 h 10 min

1,500 kg de 3-4 pescados
diferentes (dorada, mújol
 o salmonete, rape,
caballa)
250 g de calamares
pequeños
2 puerros
1 kg de mejillones
3 cuch. soperas de aceite
de oliva
25 cl de vino blanco seco
2 dientes de ajo
1 cuch. de café de tomillo
1 cuch. de café de orégano
1 cuch. de café de hinojo
en grano
4 cuch. soperas de albahaca
picada + algunas hojas
250 g de gambas
sal y pimienta

Para el fumet:
2 escalonias
2 cuch. soperas de aceite
de oliva
500 g de pulpa de tomate
2 ramas de perejil
2 dientes de ajo
2 ñoras

Hágase preparar los pescados en filetes y pida también las cabezas y los recortes. Prepare los calamares.

Haga el fumet: rehogue las escalonias picadas en aceite de oliva, moje con 1,500 litros de agua, agregue la pulpa de tomate, el perejil, el ajo picado, las ñoras partidas, las cabezas y los restos de los pescados, sale. Lleve a ebullición, tape y deje cocer a fuego bajo 30 min a fuego bajo.

Lave y corte muy fino los puerros. Limpie los mejillones. Pase el fumet por un chino aplastando bien las cabezas y los restos. Ablande 5 min en aceite, a fuego bajo, los puerros picados con el hinojo. Vierta el vino, el fumet, agregue el ajo picado, las hierbas aromáticas y los calamares. Lleve a ebullición, tape y cueza muy suave 30 min, revolviendo cada tanto. Añada entonces los pescados y las gambas. Tape y cueza 5-8 min: los pescados deben quedar firmes. Salpimente, y sírvalos decorada con algunas hojas de albahaca cortadas con tijera.

[*pistou*]

Preparación: 5 min

1 manojo pequeño
de albahaca
1 manojo pequeño de perejil
2 dientes de ajo
50 g de piñones o nueces
50 g de parmesano
15 cl de aceite de oliva
pimienta recién molida

Lave y seque la albahaca. Pásela por la batidora con el perejil, los piñones, luego el ajo y el parmesano. Agregue el aceite poco a poco. El *pistou* debe ser homogéneo y un poco sólido. Pimente. Esta pasta se prepara a último momento.

Para obtener un *pistou* a la salvia, reemplace la albahaca por 20 hojas de salvia fresca.

Para obtener un *pistou* a la rúcula, utilice en su lugar 200 g de hojas frescas, lavadas y cortadas.

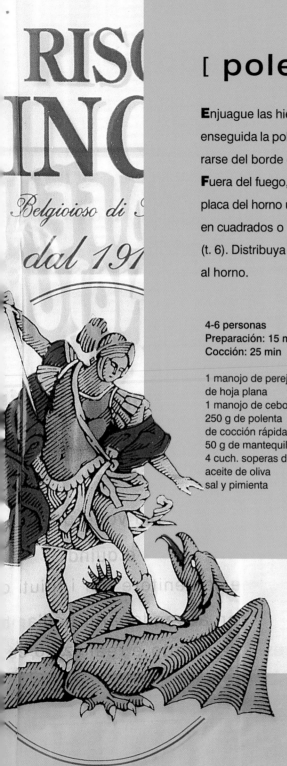

[polenta a las hierbas]

Enjuague las hierbas, séquelas y píquelas. Lleve a ebullición 1 litro de agua salada. Vierta enseguida la polenta en forma de lluvia y cueza 5 min a fuego bajo revolviendo: debe separarse del borde del recipiente.

Fuera del fuego, agregue la mantequilla, las hierbas y pimente. Extienda la polenta sobre la placa del horno untada con aceite en una capa de 2 cm de grosor. Deje enfriar. Córtela luego en cuadrados o en círculos con la ayuda de un cortapastas. Precaliente el horno a 180 °C (t. 6). Distribuya aceite de oliva sobre los trozos de polenta, salpimente y deje dorar 20 min al horno.

4-6 personas
Preparación: 15 min
Cocción: 25 min

1 manojo de perejil
de hoja plana
1 manojo de cebollino
250 g de polenta
de cocción rápida
50 g de mantequilla
4 cuch. soperas de
aceite de oliva
sal y pimienta

[conserva de atún en aceite]

Para unos 4 frascos
Preparación: 25 min
Maceración: 12 h
Cocción: 1 min
Refrigeración: por lo menos 48 h

1,200 kg de atún fresco,
cortado en rodajas
1 limón de cultivo biológico
1,500 litro de caldo corto
(fumet) hecho con 3 cubitos
8 dientes de ajo
pimienta rosa y verde
en grano
4 hojas de laurel
4 ramas de tomillo
50 cl de aceite de oliva
sal

Espolvoree el atún con sal fina y frótelo bien. Cúbralo. Lave y corte el limón en rodajas de 5 mm, frótelas con sal fina, cúbralas. Macere el atún y el limón durante 12 h en la nevera.

Al día siguiente, hierva 5 minutos el caldo. Escurra el atún bajo el chorro de agua fría, sumérjalo en el caldo hirviendo y, cuando vuelva a romper el hervor, apague el fuego. Tape y deje enfriar.

Distribuya el atún sin piel ni espinas en frascos hervidos, pimente con generosidad, distribuya los dientes de ajo cortados en dos, el tomillo y el laurel.

Lave las rodajas de limón. Escúrralas bien y agréguelas. Vierta el aceite, cierre herméticamente y guarde en la nevera. Este atún al aceite estará listo para comerlo 2 días después, y se conservará por lo menos 3 semanas, siempre en la nevera.

omodori pelati
Product of Italy

[*saltimbocca*]

4 personas
Preparación: 15 min
Cocción: 5 min

4 escalopes de ternera finos
4 lonchas de jamón
del país tierno y fino
12-16 hojas de salvia
fresca
80 g de mantequilla
15 cl de vino blanco seco
sal y pimienta

Aplane los escalopes con la maza para carne para que sean finos y tiernos. Córtelos, al igual que al jamón, en tiras de 8-10 cm. Coloque una tira de jamón sobre una tira de escalope y luego una hoja de salvia. Doble los escalopes en dos y manténgalos cerrados con la ayuda de un mondadientes.

A fuego fuerte rehogue 1 min por cada lado los escalopes en la mitad de la mantequilla, pimente. Vierta el vino y deje que se reduzca a la mitad, siempre a fuego fuerte.

Ponga la carne en una fuente calentada. Sale ligeramente. Mezcle la mantequilla restante con el jugo de la carne rascando bien, vierta sobre la carne y sirva enseguida.

[salsa de tomate]

Preparación: 10 min
Cocción: más o menos 1 h

1 kg de tomates frescos
(u 800 g de puré
de tomate en lata)
1 cebolla dulce grande
2 dientes de ajo
2 cuch. soperas de aceite
de oliva
2 cuch. soperas de
concentrado de tomate
sal, pimienta, azúcar

Sumerja los tomates 1 min en agua hirviendo, refrésquelos y pélelos. Pele la cebolla, córtela en rodajas finas. Pele el ajo y páselo por el prensador.

Rehogue la cebolla y el ajo 2 min en aceite de oliva, agregue los tomates, el concentrado, 20 cl de agua y 1 pizca de azúcar. Salpimente. Tape y deje cocer 45 min-1 h, a fuego bajo, revolviendo cada tanto.

Para una salsa de tomate cruda, pase por la batidora los tomates pelados, agregue el ajo, el orégano, el aceite y un poco de orégano o de albahaca, salpimente. Mezcle y conserve al baño María mientras se cuecen las pastas o los ñoquis.

Puede agregar a esta preparación 1 pequeña lata de anchoas en aceite picadas, o una lata de aceitunas rellenas con anchoas, o 100 g de alcaparras en vinagre y 100 g de aceitunas negras deshuesadas.

Si no encuentra pasta de tomates secados, prepárela usted mismo a partir de tomates secados y conservados en aceite de oliva (p. 15). Le bastará con pasar algunos por la batidora.

[trucha a las aceitunas en papillote]

Pele y pique las escalonias y el ajo, pique también las aceitunas negras y la salvia, mezcle. Quite la cáscara del limón, corte la fruta en dos.

Coloque cada trozo de pescado untado con aceite de oliva en un cuadrado de papel sulfurizado o de aluminio grueso. Cúbralas con 1 cuch. de café de puré de tomate. Salpimente. Espolvoree con las verduras picadas, luego reparta las alcaparras y la cáscara. Rocíe con el zumo del limón.

Doble cuidadosamente los cuadrados cerrando bien las puntas y coloque las papillotes en la placa del horno. Cueza 20 min al horno a 200 °C (t. 6-7).

4 personas
Preparación: 15 min
Cocción: 20 min

2 escalonias
1 diente de ajo
12 aceitunas negras deshuesadas
4 hojas de salvia
1 limón
4 filetes de trucha asalmonada de 200 g cada uno
4 cuch. de café de puré de tomates secados en conserva
1 cuch. sopera de alcaparras
aceite de oliva
sal y pimienta

[ossobuco]

6 personas
Preparación: 30 min
Cocción: 2 h-2 h 30 min

6 zanahorias
2 cebollas grandes
1 rama de apio
1,500 kg más o menos de ossobuco
(jarrete) de ternera (6 rodajas)
4 cuch. soperas de harina
30 g de mantequilla
2 cuch. soperas de aceite de oliva
1 lata de puré
de tomate (400 g)
1 cubito de caldo de carne
o de pollo
2 cuch. soperas de concentrado
de tomate
1 ramillete de hierbas
(perejil, tomillo, laurel)
sal y pimienta

Para la *cremolata*:
2 dientes de ajo
1 puñado de perejil
2 ramas de romero
6 hojas de salvia fresca
la cáscara de 1/2 limón
la cáscara de 1/2 naranja

Pele las zanahorias y las cebollas, córtelas en rodajas finas. Corte el apio en trozos pequeños.

En una cacerola grande, rehogue unos 10 min las rodajas de ternera enharinadas con la mantequilla y el aceite de oliva hasta que estén bien coloreadas por los dos lados. Retire la carne y coloque en su lugar las verduras. Ablándelas 2-3 min a fuego fuerte revolviendo.

Vuelva a poner la carne, agregue el puré de tomate y deje cocer 10 min destapado.

Durante este tiempo, prepare un caldo con 30 cl de agua, el vino, el concentrado de tomate y el cubito. Lleve a ebullición.

Precaliente el horno a 180 °C (t. 6).

Ponga la carne, las verduras y el ramillete de hierbas en una cazuela de fundición con tapa. Cubra con el caldo, salpimente. Cierre la cazuela y cueza 2 h al horno: la carne casi debe confitarse.

Prepare la *cremolata*. Pase por la batidora los 2 dientes de ajo, el perejil, el romero y la salvia. Agregue las cáscaras de los limones cortadas muy fino. Cuando la carne esté cocida, incorpore la *cremolata* y sirva.

Será un excelente acompañamiento un *risotto* natural preparado con 2 cebollas, 1,250 litros de caldo, 25 cl de vino blanco y 400 g de arroz arborio.

[sardinas gratinadas]

Haga que el pescadero le prepare filetes de sardina. Colóquelos en una fuente para horno untada con mantequilla, con la piel hacia abajo. Ponga las pasas en un cuenco con agua caliente y deje que se hinchen. Quite unos 3 puñados de miga de pan fresco, desmenúcela y fríala en el aceite de girasol hasta que esté crujiente y ligeramente dorada. Ralle encima la cáscara de 1 naranja. Agregue los piñones y las pasas escurridas. Mezcle.

Precaliente el horno a 180 °C. Exprima la naranja rallada y moje las sardinas con 3 cucharadas soperas de su zumo. Rocíe con aceite de oliva, salpimente, y espolvoree con la miga crujiente. Cueza 15 min al horno.

Pele la naranja sacando también la piel blanca y córtela en rodajas. Colóquelas en una fuente grande, cubra con un hilo de aceite de oliva, salpimente. Sirva las sardinas calientes acompañadas de la ensalada

4 personas
Preparación: 30 min
Cocción: 15 min

1 kg de sardinas frescas
1 nuez de mantequilla
100 g de pasas
4 cuch. soperas
de aceite de girasol
1/2 pan fresco
4 naranjas de cultivo biológico
50 g de piñones
6 cuch. soperas de aceite
de oliva
sal y pimienta

[pulpetas de magret al eneldo]

Pele el ajo y píquelo fino, así como las hojas de las ramas de romero y la cáscara de naranja. Salpimente generosamente, agregue el eneldo cortado con tijera. Unte los magrets del lado de la carne con esta mezcla aromática.

Reúna los trozos de pato, de a dos, carne contra carne. Cierre estas pulpetas con mondadientes colocados como alfileres en la piel en todo el contorno.

Con la ayuda de un cuchillo pequeño puntiagudo, corte la piel de las dos caras haciendo rombos.

Dore las pulpetas unos 10 minutos en aceite de cacahuete. Tape y deje cocer 5 min a fuego bajo. Retire entonces la grasa y moje con el vino. Cueza muy suave otros 10-15 minutos (según el gusto), semitapado.

Presente las pulpetas cortadas en dos a lo largo y rodeadas por los hinojos confitados.

4 personas
Preparación: 15 min
Cocción: 25-30 min

2 dientes de ajo
3 ramas de romero
(20 cm)
la cáscara de 1 naranja
1/2 manojo de eneldo
4 magrets de pato gruesos
2 cuch. soperas de aceite
de cacahuete
20 cl de vino de misa
(o vino rancio)
4-8 hinojos confitados (p. 88)
sal, pimienta

Prepare el pisto: ablande 1 cebolla picada fino en 2 cucharadas soperas de aceite de oliva, agregue los tomates en trozos, los pimientos verdes y rojos sin semillas y cortados en cuadrados, el vinagre balsámico, el azúcar y el tabasco. Sale, tape y cueza lentamente 20 min a fuego bajo.

Mientras tanto cueza 5 min la polenta en 1 litro de agua hirviendo salada, sin dejar de revolver. Rehogue 2 min las cebollas restantes cortadas en rodajas en el resto del aceite. Precaliente el horno a 220 °C (t. 7-8).

Extienda el pisto en una gran fuente para horno rectangular, cubra con las rodajas de cebolla y luego con la polenta. Apriete bien y espolvoree con parmesano rallado. Reparta algunos copos de mantequilla y gratine 30 min al horno. Presente la polenta cortada en cuadrados de 6 cm de lado.

4-6 personas
Preparación: 30 min
Cocción: 1 h

3 cebollas
4 cuch. soperas de aceite de oliva
1 lata de tomates pelados (400 g)
2 pimientos verdes
2 pimientos rojos
2 cuch. soperas de vinagre balsámico
1 cuch. de café de azúcar molido
unas gotas de tabasco
250 g de polenta de cocción rápida
50 g de parmesano
unos copos de mantequilla
sal

[polenta con pisto]

Antes la polenta era el alimento básico de los campesinos

pobres del norte de Italia. Esta harina de maíz molida más

o menos fino se cocía largamente en un caldero y alimen-

taba a toda la familia. En la actualidad adoptada por todos,

acompaña los ragúes, sobre todo el conejo, pero también

las verduras. Enfriada y endurecida, se la puede cortar en

cuadrados, enharinarlos y freírlos en aceite.

[bacalao con ciruelas]

Ponga el bacalao en agua fría y déjelo desalar más o menos 24 h, renovando el agua 3 o 4 veces. Al día siguiente lleve el caldo corto a ebullición y escalde en él los trozos de bacalao. Cuando vuelva a romper el hervor, retire del fuego, tape y deje enfriar.

Escurra el bacalao y desmigájelo cuidando sacar todas las espinas y la piel. Verifique el punto de sal. Si le parece demasiado salado, póngalo en una cacerola con agua fría y, en cuanto hierva, escúrralo y enjuáguelo delicadamente con agua fría.

Prepare la salsa de tomate según la receta indicada en la p. 60. Déjela reducir 30 min a fuego bajo. Agregue entonces las ciruelas y cueza lentamente otros 30 minutos, agregando un poco de agua si la salsa le parece demasiado seca.

Deslice el bacalao en la salsa, caliente 2 min sin remover y sirva espolvoreado con perejil, con una polenta natural.

4 personas
Preparación: 15 min
Desalado: por lo menos 24 h
Cocción: 1 h

800 g de bacalao
1,500 de caldo corto
(hecho con 3 cubitos
de caldo de pescado)
2 cuch. soperas de perejil
picado
25 ciruelas
salsa de tomate caliente
(p. 60)

[conejo frito]

Enharine los trozos de conejo por todos lados. Bata un poco los huevos con sal y pimienta. Vierta más o menos 1 cm de aceite en una sartén grande y caliéntela.

Sumerja rápidamente los trozos de conejo en los huevos batidos, luego fríalos 5 min por cada lado a fuego muy bajo. Apenas hayan tomado color, tape y deje cocer 20 min a fuego bajo, revolviendo cada tanto. Verifique que la cocción esté a punto, pinchando un trozo con la punta de un cuchillo: el jugo debe ser transparente.

Escurra sobre papel absorbente y sirva enseguida con cuartos de limón y *mesclun* (p. 92).

Este modo de cocción es adecuado para todas las carnes, blancas o rojas (blancos de ave, escalopes, o culata de buey cortada en tiras finas). La cocción será entonces de unos 10 min.

4 personas
Preparación: 10 min
Cocción: 30 min

1 conejo de 1-1,200 kg
cortado en trozos de 5 cm,
con los huesos.
2 huevos
harina
aceite para freír
1 limón cortado en cuartos
sal y pimienta recién molida

[pollo en costra]

6 personas
Preparación: 30 min
Cocción: 1 h 10 min

1,500 litros de caldo de pollo
(hecho con 3 cubitos)
1 pollo de más o menos
1,500 kg
1 puerro
2 zanahorias
2 ramas de apio
1 pimiento rojo o amarillo
pequeño
3 cuch. soperas
de aceite de oliva
sal y pimienta recién molida

Para la costra:
50 g de harina
50 g de parmesano
2 cuch. soperas
de pan rallado
50 g de mantequilla

Lleve el caldo a ebullición, ponga el pollo, tape y cueza a fuego bajo 1 h. Mientras tanto, prepare las verduras en juliana: lave y pele el puerro, las zanahorias y el apio y córtelos en cubos pequeños. Lave el pimiento, quítele las semillas y córtelo en cuadrados. En una sartén grande, rehogue las verduras 15 min en aceite de oliva, revolviendo.

Prepare la costra: con la punta de los dedos, mezcle la harina, el parmesano, el pan rallado y los copos de mantequilla para obtener una sémola gruesa. Precaliente el horno a 200 °C (t. 6-7).

Escurra el pollo y reserve 50 cl de caldo. Quite la piel y los huesos y corte la carne en trozos pequeños. Repártalos en una fuente para horno untada con mantequilla. Cubra con las verduras, moje con el caldo de cocción, salpimente. Desmenuce por encima la sémola de parmesano, ponga al horno y gratine 10-15 min. Sirva con una ensalada (p. 92).

verduras calientes y frías

verduras calientes y frías

crujientes
o cremosas

Al igual que todas las cocinas mediterráneas, la italiana adora las verduras y las prepara como un plato en sí, sin relegarlas al papel de acompañamiento.

Elegidas muy frescas, brillantes, jugosas, se combinan en platos donde el aceite de oliva exalta los sabores. Se las cuece por lo general más tiempo que el deseado por la cocina moderna: deben derretirse como una crema.

6 personas
Preparación: 20 min
Cocción: 5-7 min

1/2 coliflor
3 zanahorias
4 endibias
1 apio
2 hinojos
2 pimientos rojos
1 pepino
3 tomates
1 manojo de rábanos

Para la salsa:
7-8 dientes de ajo
100 g de anchoas en aceite
100 g de mantequilla
20 cl de aceite de oliva
20 cl de nata líquida

[*bagna cauda*]

Pele, lave y corte todas las verduras de la estación en bastoncitos, en trozos o separe los ramitos. Colóquelos en una fuente grande.

Prepare la salsa: pele los dientes de ajo, píquelos, así como las anchoas. En una fondue funda la mantequilla y agregue la mezcla de anchoas y ajo. Remueva hasta que esté derretido, luego añada poco a poco el aceite de oliva, sin dejar de revolver: la mezcla no debe hervir.

Apenas esté caliente, incorpore la nata líquida y deje cocer 5 min a fuego bajo hasta que se espese.

Coloque en el medio de la mesa la fondue sobre su calentador: cada convidado mojará en ella las verduras que le apetezca.

[minestrone]

Lave y pele las zanahorias y las patatas, córtelas en cubos. Lave y corte en cubos el apio y los calabacines. Pele y pique el ajo. Corte la col en tiras finas, pele los guisantes. Corte el bacon en cubos pequeños.

En una cacerola grande, rehogue el bacon y las cebollas picadas en 3 cucharadas soperas de aceite de oliva. Apenas empiecen a tomar color, agregue las zanahorias, el apio y 1 diente de ajo. Cueza 5 min.

Añada los tomates troceados con su líquido, el concentrado de tomate, el azúcar, 2 cucharadas soperas de albahaca, el tomillo, vierta 2 litros de agua, salpimente. Tape y deje cocer a fuego bajo 20 min revolviendo cada tanto. Agregue las patatas y los calabacines, tape y cueza 10 min. Añada los guisantes, la col y cueza otros 10 min tapado. Por último, incorpore las judías blancas escurridas y la pasta y cueza 10 min destapado. Al final de la cocción agregue el resto del aceite de oliva, la albahaca y el ajo picado, rectifique la sazón y vierta un poco de agua si la sopa tiene tendencia a pegarse a las paredes, pero tenga cuidado porque debe tomarse bien espesa.

Sírvala en una sopera espolvoreada y acompañada de parmesano y un cuenco de *pistou* (p. 57).

6-8 personas
Preparación: 30 min
Cocción: 1 h

2 zanahorias
250 g de patatas
2 ramas de apio
2 calabacines
2 cebollas
3 dientes de ajo
1/4 de col verde lisa o rizada
250 g de guisantes frescos
150 g de bacon
6 cuch. soperas de aceite de oliva
1 lata pequeña de tomates pelados (400 g)
2 cuch. soperas de concentrado de tomate
1 terrón de azúcar
5 cucharadas soperas de albahaca picada
1 rama de tomillo
1 lata pequeña de judías blancas
125 g de pasta de sopa
sal y pimienta recién molida

[berenjenas gratinadas]

Lave las berenjenas, quíteles el rabillo y córtelas a lo largo en lonchas de más o menos 1 cm de grosor. Sálelas y déjelas escurrir 1 h. Mientras tanto, sumerja los tomates en agua hirviendo unos segundos, pélelos y quíteles las semillas antes de cortarlos en trozos pequeños. En una cacerola, rehogue 1 min el ajo picado y la albahaca en el aceite de oliva. Cuando empiecen a tomar color, agregue los tomates, salpimente y deje cocer 30 min, vigilándolo.

Caliente el aceite para freír en una sartén grande. Escurra las berenjenas bajo el chorro de agua fría, séquelas, enharínelas ligeramente y fríalas 2 min por cada lado. Retírelas apenas tengan color y escúrralas sobre papel absorbente. Corte la mozzarella en rodajas.

Precaliente el horno a 180 °C (t. 6). En una fuente para horno untada con mantequilla coloque una capa de berenjenas, vierta un poco de salsa de tomate, cubra con una capa de mozzarella en rodajas y espolvoree con un poco de parmesano. Continúe así alternando los ingredientes y termine con una capa de mozzarella. Espolvoree con parmesano. Gratine 35 min al horno.

Este gratín acompaña perfectamente una carne asada o un pescado al horno.

6 personas
Preparación: 20 min
Reposo: 1 h
Cocción: 35 min

2 berenjenas
800 g de tomates
2 dientes de ajo
4 cuch. soperas de aceite de oliva
3 cuch. soperas de albahaca
6 cuch. soperas de harina
200 g (2 bolas) de mozzarella
1 copo de mantequilla
aceite para freír
sal, pimienta

6-8 personas
Preparación: 10 min
Cocción: 35 min

1 kg de calabacines
1 cebolla
50 g de mantequilla
2 cubitos de caldo
2 huevos
3 cucharadas soperas
de parmesano
2 cuch. soperas de
albahaca picada
sal, pimienta

[potaje de calabacines]

Lave los calabacines, quíteles el rabillo y la punta, córtelos en rodajas de 5 mm de grosor. Pele y corte la cebolla en rodajas. En una cacerola grande rehogue 5 min las rodajas de cebolla en la mantequilla. Agregue los calabacines y déjelos ablandar unos 10 min revolviendo regularmente.

Prepare el caldo con los cubitos y 2 litros de agua, vierta el caldo sobre los calabacines. Sale, tape y deje cocer lentamente 20 min a fuego bajo. Bata para obtener una crema.

En una sopera bata los huevos con el parmesano y 1 cucharada sopera de albahaca picada. Vierta poco a poco el potaje caliente, sin dejar de revolver. Salpimente y espolvoree con el resto de la albahaca. Sirva enseguida acompañado de un poco de parmesano.

Podrá recalentar este potaje al día siguiente, pero sin dejar que hierva.

[*coulis* de pimientos rojos]

6 personas
Preparación: 15 min
Cocción: 35 min

800 g de pimientos rojos
2 tomates medianos
3 cebollas
1 diente de ajo
2 cuch. soperas de aceite
de oliva
150 g de nata líquida
sal, pimienta

Lave los pimientos, quíteles el rabillo y las semillas. Córtelos en cuadrados. **S**umerja los tomates unos segundos en agua hirviendo, refrésquelos, pélelos y quíteles las semillas. Córtelos en trozos y agréguelos a los pimientos. **P**ele y pique fino las cebollas y el ajo, ablándelos 2 minutos a fuego bajo en el aceite de oliva. Añada los pimientos y los tomates. Salpimente y vierta 10 cl de agua. Tape y cueza a fuego bajo 30 min. **D**eje que se enfríen totalmente antes de pasarlos por la batidora y agregar la nata líquida.

[puré de patatas con aceite de oliva]

Pele, lave y corte las patatas en cuatro. Sumérjalas en 2 litros de agua hirviendo salada y cuézalas 20 min a partir de que vuelva a romper el hervor. Escúrralas. Hierva la leche con la nuez moscada y el laurel.

Chafe las patatas calientes con el pasapurés y trabájelas agregando poco a poco aceite de oliva, luego la leche caliente (sin el laurel). Revuelva con fuerza. Por último agregue el mascarpone y el parmesano. Salpimente.

4 personas
Preparación: 15 min
Cocción: 20 min

1,500 kg de patatas (bintje, kennebec) de carne tierna
4 cuch. soperas de aceite de oliva
50 cl de leche
1 pizca de nuez moscada
1 hoja de laurel
3 cuch. soperas de mascarpone
50 g de parmesano
sal, pimienta

6 personas
Preparación: 15 min
Cocción: 10 min

1 kg de habas baby
congeladas
200 g de espinacas
tiernas frescas
6 cuch. soperas de nata
líquida
el zumo de 1 limón
6 cuch. soperas de aceite
de oliva
100 g de aceitunas negras
deshuesadas (optativo)
hojas de menta fresca
sal y pimienta

[habas baby con espinacas]

Sumerja las habas en una cacerola con agua hirviendo salada y cuézalas 10 min a partir de que rompa el hervor.

Seleccione y lave las espinacas, séquelas. En una ensaladera grande mezcle la nata líquida, el zumo de limón y el aceite de oliva, salpimente.

Escurra las habas. Si son tiernas déjeles la piel, si no quíteselas apretando las habas entre dos dedos.

Ponga las habas todavía tibias en la ensaladera, agregue las espinacas crudas y las aceitunas, revuelva y espolvoree con la menta cortada con tijera.

[tagliatelli de calabacines al anís]

Lave los calabacines, quíteles el rabillo y la punta. Con la ayuda de un cuchillo muy fino, corte tiras a lo largo, tratando de que cada una tenga 2 mm de verde. Termine con las tiras de carne blanca. Moje con el zumo de 1/2 limón.

Cueza 5 min al vapor: los calabacines deben quedar crujientes.

En un cuenco mezcle el zumo de limón restante, el anisado, el anís en granos y el cebollino. Agregue el aceite de oliva. Salpimente.

Coloque los tagliatelli de calabacines escurridos y todavía calientes en una fuente, rocíelos con la salsa anisada. Mezcle y sirva.

4 personas
Preparación: 15 min
Cocción: 5 min

4 calabacines bien firmes
el zumo de 1 limón
2 cuch. soperas de anisado
2 cuch. de café de anís
en granos
2 cuch. de café de cebollino
picado
6 cuch. soperas de aceite
de oliva
sal, pimienta

[judías blancas tibias con vinagreta]

Lave las judías. Póngalas en 1,5 litros de agua no salada y lleve a ebullición 2 min. Tape, deje reposar 1-2 h: deben hincharse.

Lleve de nuevo a ebullición, tape y cueza 1 h 30 min-2 h a fuego bajo: deben quedar tiernas, pero sin deshacerse.

Escúrralas y póngalas en una ensaladera con el aceite de oliva. Tape.

Pase por la batidora las anchoas, el ajo y las hojas de perejil, agregue el zumo de limón e incorpore el aceite de oliva vertido en hilo, removiendo. Salpimente.

Pele las cebollas y córtelas en rodajas. Vierta la vinagreta sobre las judías, mezcle y esparza las rodajas de cebolla. Sirva tibio.

6 personas
Preparación: 10 min
Cocción: 1 h 30 min- 2 h
Remojo: 1-2 h

500 g de *borlotti* secas
4 cuch. soperas de aceite
de oliva
2 cebollas blancas dulces

Para la vinagreta:
4 filetes de anchoa en aceite
2 dientes de ajo
1 manojo pequeño
de perejil
el zumo de 2 limones
1 cl de aceite de oliva
sal y pimienta

Sólo los espárragos verdes son adecuados para esta receta. Si encuentra espárragos silvestres, aproveche para prepararla. En ese caso, omita la cocción al vapor si son muy finos.

[espárragos salteados al tomillo con aceitunas]

Cueza los espárragos 5 min al vapor. Saltéelos luego en una sartén grande con el aceite de oliva y el tomillo deshojado, dándoles la vuelta delicadamente.

Apenas los espárragos empiecen a tomar color, agregue las aceitunas escurridas, rehóguelas 1 min. Salpimente. Sirva enseguida.

Estos espárragos pueden acompañar muy agradablemente una parrillada, un conejo frito (p. 70) o una pequeña fritura de carnes.

4 personas
Preparación: 15 min
Cocción: 7 min

1 kg de espárragos verdes
frescos o congelados
4 cuch. soperas de aceite
de oliva
4 ramas de tomillo
200 g de aceitunas verdes
deshuesadas
sal, pimienta

[terrina de champiñones]

6-8 personas
Preparación: 25 min
Cocción: 2 h

5 kg de patatas
500 g de cebollas
8 cuch. soperas de aceite de oliva
4 dientes de ajo grandes
1 manojo de perejil
750 g de champiñones

Para la vinagreta:
2 cuch. soperas de vinagre
balsámico
2 cuch. soperas de puré
de tomates secados
en conserva
10 cl de aceite de oliva
sal y pimienta

Pele y corte las patatas en rodajas finas, si es posible con un robot. Pele y corte en rodajas las cebollas y rehóguelas 5 min en una sartén pequeña con 3 cucharadas soperas de aceite de oliva.

Pele el ajo y el perejil. Limpie los champiñones, lávelos rápidamente bajo el chorro de agua fría y córtelos en rodajas finas.

En una terrina untada con aceite, coloque la mitad de las patatas, salpimente. Espolvoree con la mitad del ajo y el perejil picados, luego coloque la mitad de los champiñones. Ponga la totalidad de las cebollas y termine con una capa de patatas. Salpimente. Rocíe con el resto del aceite de oliva. Cubra la terrina y cueza 2 h al horno a 160 °C (t. 5-6).

Mezcle el vinagre y el puré de tomates secados y vierta el aceite de oliva en hilo, sin dejar de revolver. Salpimente. Sirva la terrina, caliente o tibia, con la vinagreta.

[hinojos y cebollas confitados]

Precaliente el horno a 180 °C (t. 6). Pele las cebollas y corte 8 de ellas en dos, a lo ancho; corte en rodajas la restante. Coloque las mitades de cebolla en una fuente untada con aceite de oliva. Salpimente. Ponga al horno. Cueza 15 min, vierta la mitad del vinagre sobre las cebollas, y cuézalas otros 15 min. Vierta el resto del vinagre, apague el horno y deje que las cebollas se enfríen.

Lave los hinojos y córtelos en dos o en cuatro (según el grosor), después de quitarles los tallos. Enharínelos y rehóguelos 5 min en aceite de oliva con la cebolla cortada en láminas finas. Apenas empiecen a tomar color, vierta el vino blanco y rasque para despegar el fondo de cocción. Agregue 20 cl de agua, el tomillo, el romero y el laurel. Salpimente. Deje cocer a fuego bajo 15 min revolviendo cada tanto.

Disponga las cebollas y los hinojos en una fuente grande espolvoreada con la albahaca picada. Se degustan calientes o fríos como acompañamiento de un pescado asado, por ejemplo.

4 personas
Preparación: 20 min
Cocción: 1 h

9 cebollas blancas medianas
8 cuch. soperas de vinagre balsámico
4-8 hinojos, según su grosor
4 cuch. soperas de harina
4 cuch. soperas de aceite de oliva
10 cl de vino blanco
1 rama de tomillo
1 rama de romero
2 hojas de laurel
algunas hojas de albahaca
sal y pimienta

[flan con *coulis* de tomates]

Precaliente el horno a 180 °C (t. 6) y prepare un baño María en la grasera. Bata un poco los huevos, agregue la nata líquida, luego el *coulis* de tomates. Salpimente. Lave y seque el cebollino, córtelo con tijera y agréguelo.

Vierta todo en un molde de carlota o de soufflé untado con aceite, cueza 50 min al baño María. Tape muy bien con papel de aluminio durante la cocción si el flan toma demasiado color. Sirva caliente, tibio o frío según su gusto.

6 personas
Preparación: 10 min
Cocción: 50 min

6 huevos
25 cl de nata líquida
500 g de *coulis* o de puré de tomate
1/2 ramillete de cebollino
aceite de oliva
sal y pimienta

Quite la parte terrosa de los pies y lave rápidamente las setas. Séquelas bien. Córtelas en dos o en cuatro. Póngalas en una sartén grande y cuézalas unos 10 min, a fuego medio, con sal gruesa. Deseche el líquido a medida que lo sueltan. Cuando las setas ya no desprendan más agua, vierta el vinagre, 50 cl de agua y lleve a ebullición 1 min. Escurra 30 min. Distribuya las setas, el laurel y la pimienta en los frascos hervidos. Cubra con aceite de oliva y cierre. Coloque en un lugar seco y fresco hasta su utilización. Escurra las setas antes de consumirlas. También puede utilizarse el aceite perfumado.

Unos 3 frascos de 50 cl
Preparación: 20 min
Escurrido: 30 min
Cocción: 10 min

1 kg de setas frescas
3 cuch. soperas de sal gruesa
50 cl de vinagre de alcohol
3 hojas de laurel
15 granos de pimienta
50 cl de aceite de oliva.

[setas en aceite]

Los italianos adoran las setas hasta el punto de cruzar

las fronteras para ir a recogerlas. Ya disponen de un

tesoro, la célebre y costosa trufa blanca de Alba, así

como la trufa negra de Umbría. Pero también aprecian

las setas llamadas «pequeños cerdos» (*porcini*), los lac-

tarios, las morillas y las oronjas, tan raras y tan deli-

ciosas...

[pequeñas ensaladas]

Mesclun (variada): lave y seleccione todas las hojas. Lave, seque y separe las hojas de perifollo. Prepare la vinagreta mezclando todos los ingredientes. Vierta la salsa sobre la ensalada justo antes de servir.

Tampoco dude en preparar una ensalada de espinacas tiernas. Utilice en este caso 400 g de espinacas, seleccionadas, lavadas y escurridas, que mezclará eventualmente con algunas hojas de endibia roja. Cubra con vinagreta.

Endibia roja a la sartén: lave y enjuague las endibias rojas. Córtelas en cuatro, a lo largo. Lave, seque y corte el perejil con tijera. Rehogue las endibias rojas 1 min en aceite de oliva, espolvoree con el perejil, salpimente y haga dorar otro minuto. Sirva caliente o frío, para acompañar pescados o carnes.

Diente de león salteado: limpie el diente de león y sumérjalo 2 min en 1 litro de agua hirviendo salada. Escúrralo y córtelo en trozos de 5 cm. Pele y pique las escalonias. Rehóguelas 2 min en la sartén con el diente de león y el aceite de oliva. Salpimente.

Mezclun (variada)
4 personas
Preparación: 5 min

125 g de rúcula
100 g de verdolaga
(o en su defecto, berro)
2 corazones pequeños
de endibia roja
50 g de hojas de roble
algunas ramas de perifollo

Para la vinagreta:
el zumo de 1/2 limón
6 cuch. soperas de aceite
de oliva
sal y pimienta

Endibia roja a la sartén
4 personas
Preparación: 5 min
Cocción: 2 min

4-8 endibias rojas largas
o redondas
1 manojo de perejil
de hoja plana
6 cuch. soperas de aceite
de oliva
sal y pimienta

Diente de león salteado
4 personas
Preparación: 5 min
Cocción: 5 min

1 kg de diente de león
2 escalonias
6 cuch. de soperas de
aceite de oliva
sal, pimienta

6 personas
Preparación: 15 min
Cocción: 30 min

5 patatas medianas
2 zanahorias
1 cebolla
1 rama de apio
8 pimientos amarillos
5 cuch. soperas de aceite
de oliva
15 cl de leche
50 g de parmesano rallado
picatostes al ajo
sal, pimienta

[crema
de pimientos amarillos]

Pele las patatas, las zanahorias y la cebolla. Lave el apio y los pimientos, y quite las semillas a estos últimos. Pique fino la cebolla, las zanahorias y el apio. Rehóguelos 5 min en una cacerola grande, con 3 cucharadas soperas de aceite de oliva, hasta que estén bien dorados.

Agregue los pimientos cortados en trozos y las patatas en cubos, vierta la leche y complete con agua hasta que el líquido alcance el nivel de las verduras. Salpimente y deje cocer a fuego bajo 20 min tapado: las patatas deben quedar bien blandas. Pase por la batidora.

Sirva la crema bien caliente en una sopera, con un hilo de aceite de oliva y espolvoreada con el parmesano rallado. Acompañe con picatostes al ajo.

postres

dulce y amargo

Las dulzuras de la Península tienen algo de extravagante: ¿es la profusión de la fruta confitada, la omnipresencia de la vainilla, la nata montada un poco por todas partes? El secreto consiste en sacar lo mejor de ingredientes simples y hacer jugar, con el azúcar, toques de especias y sabor amargo: a menudo la cáscara de agrios, el romero, el café, el cacao, la almendra amarga (como en las pastas llamadas *amaretti*) equilibran los postres italianos.

[*carpaccio* de melón con frutas rojas]

4 personas
Preparación: 15 min

1 melón
1 sobre de azúcar vainillado
400 g de frutas rojas
variadas (frescas
o congeladas)
4 cuch. soperas de azúcar
molido
6 cuch. soperas de vinagre
balsámico

Pele el melón, córtelo en dos y quítele las semillas. Corte rodajas muy finas con la ayuda de un cuchillo grande de hoja plana y colóquelas armoniosamente en una fuente grande. Espolvoree con el azúcar vainillado.

Prepare un puré batiendo la mitad de las frutas rojas con el azúcar molido y el vinagre balsámico.

En el momento de servir, cubra el *carpaccio* de melón con las frutas restantes y presente el puré aparte.

[peras en papillote al mascarpone]

4 personas
Preparación: 15 min
Cocción: 25 min

4 peras maduras pero firmes
125 g de mascarpone
2 cuch. de café de miel
4 cuch. soperas de azúcar
moreno claro
1 cuch. sopera de canela

Pele las peras conservando el rabillo, córtelas en dos y quíteles el corazón. Mezcle el mascarpone y la miel. Rellene las mitades de pera y vuelva a armar cada fruto sosteniendo las dos mitades con la ayuda de dos mondadientes. Mezcle el azúcar y la canela, pase las peras delicadamente por esta mezcla para que queden untadas por todos los lados.

Precaliente el horno a 180 °C (t. 6). Extienda cada fruto en el centro de un rectángulo grande de papel sulfurizado. Cierre bien las papillotes y póngalas en un plato, bien apretadas. Cueza 25 min a media altura del horno.

Presente cada papillote entreabierta en un plato de postre.

[tarta de frutos secos]

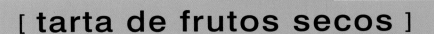

6 personas
Preparación: 10 min
Cocción: 20-30 min

125 g de avellanas enteras
peladas
125 g de almendras enteras
peladas
180 g de azúcar molido
1 cuch. sopera de harina
3 claras de huevo
1 pizca de sal
1 copo de mantequilla

Pique las avellanas y las almendras, sin reducirlas a polvo, luego mézclelas con la azúcar y la harina.

Bata las claras de huevo con la sal a punto de nieve firme. Incorpórelas muy delicadamente a la mezcla.

Precaliente el horno a 180 °C (t. 6).

Unte ligeramente con mantequilla un molde para tarta de 30 cm de diámetro. Rellénelo con la preparación y cueza al horno 20 o 30 min. Deje enfriar y desmolde.

Puede degustar esta tarta tibia o fría, acompañada de una crema inglesa hecha con las yemas de huevos restantes.

[*semifreddo*]

4-6 personas
Preparación: 45 min
Cocción: 35 min
Congelación: 30 min

4 manzanas
12 cl de vino blanco
140 g de azúcar molido
la cáscara rallada de 1
limón de cultivo biológico
4 yemas de huevo
20 cl de nata líquida
150 g de *amaretti*
(o almendrados)

Para el bizcocho:
4 huevos
125 g de azúcar molido
1 pizca de sal
125 g de harina tamizada
la cáscara rallada de 1 limón
de cultivo biológico
mantequilla

Precaliente el horno a 180 °C (t. 6). Prepare el bizcocho. Bata los huevos, el azúcar y la sal en un cuenco. Póngalo en una cacerola llena hasta la mitad de agua y bata la preparación al baño María hasta que haya duplicado el volumen.

Fuera del fuego, continúe batiendo hasta que se enfríe. Agregue la harina y la cáscara de limón. Vierta la pasta en un molde para bizcocho untado con mantequilla de 18 cm de diámetro. Cueza al horno 20-25 min. Desmolde el bizcocho caliente sobre una rejilla y déjelo enfriar.

Pele las manzanas, córtelas en rodajas finas y cuézalas 10 min con 3 cucharadas soperas de agua, el vino, 60 g de azúcar y la cáscara de limón. Bata las yemas de huevo y el azúcar restante en una pequeña cacerola y espese al baño María hasta que la mezcla se pegue a la cuchara.

Bata la nata líquida para hacer crema chantilly e incorpórela a la preparación precedente. Añada el puré de manzanas y los *amaretti* desmenuzados.

Corte el bizcocho en 3 capas. Coloque la primera capa sobre un papel sulfurizado y cúbrala con la mitad de la crema. Coloque encima la segunda capa y úntela con el resto de la crema. Cubra con la tercera capa. Coloque el dulce 30 min en el congelador para que se endurezca y luego en la nevera hasta el momento de servir.

[tarta de ricotta]

6 personas
Preparación: 20 min
Reposo: 1 h
Cocción: 45 min

400 g de ricotta
(o de requesón)
100 g de nata líquida
80 g de azúcar molido
3 huevos
la cáscara rallada de 1 naranja
2 cuch. soperas de pasas
50 g de frutas confitadas
2 cuch. soperas
de almendras fileteadas

Para la masa:
250 g de harina
80 g de azúcar molido
1 pizca de sal
100 g de mantequilla
ablandada
la cáscara de 1 limón
1 huevo + y yema

Prepare la masa: haga un hueco en la harina y coloque en él el azúcar, la sal, la mantequilla, la cáscara de limón, el huevo entero y la yema. Trabaje con la punta de los dedos hasta obtener una bola homogénea (agregue 1 cucharada sopera de agua fría si la pasta se deshace). Cubra con un trapo de cocina y deje reposar 1 h.

Precaliente el horno a 200 °C (t. 6-7). Mezcle la ricotta (o el requesón), la nata líquida y el azúcar en un cuenco. Agregue los huevos, la cáscara de naranja, las pasas, las frutas confitadas cortadas en trozos muy pequeños y las almendras fileteadas. Mezcle bien.

Extienda la masa en una base fina y forre con ella un molde para tarta untado con mantequilla de 30 cm de diámetro. Rellene con la guarnición y cueza 45 min al horno. Sirva la tarta tibia o fría.

[budín helado con manzanas]

6 personas
Preparación: 25 min
Refrigeración: 1 h por lo menos
Cocción: 40 min

5 manzanas
1 sobre de azúcar vainillado
50 g de azúcar molido
1 pizca de canela
25 cl de leche
2 huevos + 2 yemas
1 copo de mantequilla

Pele y corte las manzanas en rodajas. Cuézalas 20 min a fuego bajo con 5 cl de agua, el azúcar vainillado, el azúcar molido y la canela.

Hierva la leche. Bata un poco los huevos, agregue la compota caliente y mezcle con fuerza. Vierta la leche caliente sin dejar de revolver.

Vierta todo en un molde para budín untado con mantequilla. Precaliente el horno a 180 °C (t. 6) y prepare el baño María en una fuente baja. Coloque el molde y cueza 40 min al horno. Deje enfriar antes de poner 1 h en la nevera.

Desmolde y presente el budín solo o rodeado de un *coulis* de frutas rojas.

[torrijas de *panettone*]

Corte el *panettone* en 16 rodajas de 3 cm de grosor más o menos. En un cuenco, bata los huevos con el azúcar vainillado y agregue la leche. Vierta una parte de la preparación en un plato hondo.

Caliente, a fuego bajo, 20 g de mantequilla en una sartén. Pase cada rodaja de *panettone* por el huevo y dórelas 2 min por cada lado agregando cada tanto copos de mantequilla.

Vaya colocando las torrijas en una fuente. Espolvoree con azúcar glas en el momento de servir.

6-8 personas
Preparación: 5 min
Cocción: unos 5 min

1 *panettone*
4 huevos
1 sobre de azúcar vainillado
50 cl de leche
80 g de mantequilla
azúcar glas

[granizado de limón]

6 personas
Preparación: 15 min
Cocción: 3 min
Congelación: 3 h

3 limones de cultivo
biológico
300 g de azúcar
unas hojas de menta

Lave los limones con agua tibia, cepíllelos, quite la cáscara de 2 y córtela en tiras finas. Exprima todos los limones.

Lleve a ebullición 50 cl de agua con el azúcar y las cáscaras y cueza 3 min: el azúcar debe quedar completamente disuelto. Añada entonces el zumo de limón. Deje enfriar totalmente.

Vierta el jarabe en cubiteras y póngalo 1 hora en el congelador. Al cabo de este tiempo, remueva para que los cristales se incorporen al líquido. Repita esta operación cada 30 min, o sea 5 veces en 3 horas de congelación.

Sirva este granizado en copas decoradas con algunas hojas de menta fresca cortadas con tijera.

[tarta de manzanas y romero]

6 personas
Preparación: 15 min
Cocción: 30 min

1 masa de hojaldre de mantequilla lista para usar
5 ramas de romero fresco (de 10 cm)
6 manzanas
100 g de azúcar en polvo
100 g de mantequilla

Precaliente el horno a 200 °C (t. 6-7). Estire la masa de hojaldre y colóquela en un molde para tarta de 30 cm de diámetro con papel sulfurizado.

Deshoje el romero. Pele y corte las manzanas en rodajas finas y repártalas sobre la masa apretando bien. Espolvoree con azúcar y distribuya 50 g de mantequilla en copos.

Cueza 20 min al horno, luego distribuya el romero y los copos de mantequilla y cueza otros 10 min. Sirva caliente o tibia.

[sabayón]

Bata las yemas de huevo con el azúcar en un recipiente al baño María, luego incorpore poco a poco el marsala hasta que la preparación esté espesa y esponjosa (5-10 min): sobre todo el sabayón no debe hervir porque se coagula.

Sirva tibio o frío, por ejemplo con frutas escaldadas al vino con especias (p. 115).

También puede cubrir el sabayón con frutas rojas o de la estación y gratinarlo 2 min al grill.

Para obtener un sabayón helado, actúe de la misma manera. Luego, fuera del fuego, añada la cáscara rallada de 1/2 limón y deje enfriar.

Monte 30 cl de nata líquida en chantilly, incorpórela delicadamente al sabayón enfriado y vierta en pequeños cuencos individuales. Deje que cuaje por lo menos 2 horas en la nevera.

Sirva el sabayón helado tal cual o desmolde en un plato adornado con un *coulis* de fresas, frutas rojas o frutas escaldadas al vino.

4-6 personas
Preparación: 10 min
Cocción: 5-10 min

6 yemas de huevo
150 g de azúcar molido
20 cl de marsala seco (o de oporto)

Si le gusta el dulce amargor del cappuccino, ese café crema untuoso que ha dado la vuelta al mundo, adorará este postre simple y delicado. Nada le impide espolvorearlo con cacao amargo...

[crema cappuccino]

4 personas
Preparación: 10 min
Cocción: 30 min
Refrigeración: 1 h por lo menos

50 cl de leche entera
4 cuch. de café de café liofilizado
3 yemas de huevo + 1 huevo entero
80 g de azúcar molido
crema chantilly lista para usar
chocolate negro en polvo para decorar

Caliente la leche con el café molido. Bata las 3 yemas y el huevo entero con el azúcar hasta que la mezcla blanquee y vierta encima la leche hirviendo sin dejar de revolver.

Precaliente el horno a 180 °C (t. 6) y prepare un baño María en una fuente.

Rellene pequeños cubiletes con crema de café. Ponga al horno y cueza 30 min al baño María. Deje enfriar por completo antes de ponerlos 1 h (o más) en la nevera.

En el momento de servir, decore con chantilly y espolvoree con chocolate negro en polvo.

[melocotones rellenos y gratinados]

4 personas
Preparación: 20 min
Cocción: 30 min

5 melocotones
1 copo de mantequilla
3 almendrados
1 yema de huevo
50 g de almendras peladas
la cáscara rallada de 1/2 limón
10 cl de vino de misa
unas almendras fileteadas
1 sobre de azúcar vainillado

Corte los melocotones en dos y deshuéselos. Coloque las mitades en una fuente para horno untada con mantequilla. Pele las otras dos mitades y resérvelas.

En el recipiente del robot, ponga los almendrados, la yema de huevo y la pulpa del quinto melocotón y hágalo funcionar. Pique groseramente las almendras, mézclelas con la preparación anterior y agregue la cáscara de limón.

Precaliente el horno a 160 °C (t. 5-6).

Distribuya la farsa en las cavidades de los melocotones y clave algunas almendras fileteadas por encima. Vierta el vino sobre las frutas y espolvoree con azúcar vainillado. Cueza 30 min al horno.

Sirva los melocotones tibios o a temperatura ambiente.

[mousse de chocolate]

6 personas
Preparación: 15 min
Cocción: 30 min

150 g de chocolate negro
80 g de mantequilla
6 huevos medianos
100 g de azúcar
4 cuch. soperas de maicena
1 pizca de sal

Funda al baño María el chocolate partido en trozos con la mantequilla. Cuando la mezcla sea homogénea, retire del fuego. Casque los huevos y separe las claras de las yemas.

En un cuenco, mezcle el azúcar, la maicena y agregue una a una las yemas hasta que la preparación tenga color blanco. Incorpore entonces el chocolate fundido y mezcle bien.

Precaliente el horno a 180 °C (t. 6). Bata las claras con una pizca de sal, a punto de nieve firme. Incorpórelas delicadamente, con la ayuda de un tenedor, a la preparación de chocolate. Vierta en un molde de budín y cueza 30 min al horno.

[budín de castañas]

Funda la mantequilla al baño María. Casque los huevos y separe las claras de las yemas. En un cuenco, bata las yemas, la mantequilla fundida, el azúcar y el azúcar vainillado hasta que la mezcla esté blanca. Agregue el puré de castañas, las avellanas molidas y mezcle.

Precaliente el horno a 180 °C (t. 6). Bata las claras con 1 pizca de sal a punto de nieve firme e incorpórelas delicadamente a la pasta. Vierta en un molde de budín untado con mantequilla y cueza unos 35 min al horno.

Puede degustar este budín tibio o frío. Al día siguiente estará todavía mejor. También se puede agregar a la preparación 1 cuch. sopera de ron, según el gusto.

6 personas
Preparación: 10 min
Cocción: 35 min

100 g de mantequilla
3 huevos
150 g de azúcar molido
1 sobre de azúcar vainillado
200 g de puré de castañas sin azucarar
150 g de avellanas molidas
1 pizca de sal

Lave los melocotones y córtelos en dos. Quíteles el hueso. En una ensaladera coloque los trozos de melocotón con la parte vaciada hacia arriba.

Vierta el vino en la ensaladera hasta que los melocotones floten. Tape y ponga 1 h en la nevera.

Sirva muy frío, decorado con algunas hojas de menta. (Los melocotones estarán espumosos.)

6 personas
Preparación: 5 min
Refrigeración: 1 h

6 melocotones bien maduros
75 cl de Asti espumante
bien frío
unas hojas
de menta fresca

[melocotones espumantes]

El *tiramisu* (literalmente: «levántame») es sin duda el pos-

tre italiano más conocido. Lo crearon, o más bien recrea-

ron, a partir de una receta sienesa tradicional llamada

zuppa inglese. Sólo recientemente fue revisada y corregida,

sobre todo al cambiar la mousse de sabayón por una crema

de mascarpone. El *amaretto* puede reemplazarse por mar-

sala de almendras amargas.

[*tiramisu*]

6-8 personas
Preparación: 20 min
Refrigeración: 2 h por lo menos

4 yemas de huevo
5 cuch. soperas de azúcar
molido
500 g de mascarpone
20 cl de nata líquida
15 cuch. soperas de café
muy fuerte
10 cuch. soperas de *amaretto*
(opcional)
20 bizcochos de soletilla
(por lo menos 200 g)
cacao en polvo
o virutas de chocolate

Bata las yemas de huevo con el azúcar molido hasta que la mezcla esté blanca. Incorpore el mascarpone batiendo con las varillas, 1 min, a velocidad lenta.

En un cuenco, bata la nata líquida bien fría hasta que esté firme. Incorpórela delicadamente con la ayuda de un tenedor a la preparación de mascarpone. En un plato hondo, mezcle el café y el *amaretto* si lo utiliza.

Cubra el fondo de una fuente de bordes altos de 24 cm de diámetro con bizcochos de soletilla pasados rápidamente por la mezcla de cafe-*amaretto* (o sólo café), extienda encima la mitad de la crema, agregue otra capa de bizcochos mojados y cubra con el resto de la crema.

Tape con film transparente y ponga por lo menos 2 h en la nevera antes de servir.

En el momento de servir, espolvoree con cacao o con virutas de chocolate.

Este postre puede prepararse la víspera, sólo mejorará.

6 personas
Preparación: 15 min
Cocción: 15 min

6 peras para cocinar
50 cl de vino tinto
la cáscara de 1/2 limón
de cultivo biológico
4 clavos
1 cuch. de café de canela
150 g de albaricoques secos
150 g de pasas
125 g de azúcar molido
1 sobre de azúcar vainillado
40 g de piñones

[frutas escaldadas con vino y especias]

Pele las peras y déjeles el rabillo, colóquelas en una cacerola con el vino, la cáscara de limón, las especias, los albaricoques y las pasas y los dos tipos de azúcar. Lleve a ebullición, disminuya el fuego, tape y cueza 15 min.

Deje que las peras se entibien en su líquido de cocción, luego póngalas en una compotera con la ayuda de una espumadera. Agregue los piñones a la cacerola y deje reducir el líquido en tres cuartas partes, hasta que tenga consistencia de jarabe y esté ligeramente caramelizado. Cubra las peras. Sirva tibio o frío, acompañado eventualmente de sabayón caliente o helado (p. 104).

[glosario]

Al dente: cocción de las pastas hasta que estén blandas, pero todavía un poco firmes al morderlas. Por eso, pruébelas con frecuencia hacia el final de la cocción y escúrralas enseguida.

Amaretti: pequeños almendrados amargos.

Arroz arborio: arroz italiano utilizado para el *risotto*, de grano redondo, grande y largo, que tiene la particularidad de absorber el caldo sin pegarse. Nunca lo remoje.

Asti espumante: vino blanco italiano espumante de la región de Asti.

Judías *borlotti:* gruesas judías blancas secas romanas. En su defecto se las puede reemplazar por judiones o alubias plancheta.

Mascarpone: queso fresco de consistencia cremosa que a menudo se emplea en cocina en lugar de la nata.

Mozzarella: queso crudo, hecho a partir de leche cuajada, estirada en cintas y enrolladas sobre sí mismas. La mejor es la de leche de búfala, cara, que se degusta tal cual con tomates y un hilo de aceite de oliva. La más corriente, *fior di latte* (de leche de vaca), se utiliza para los platos cocinados.

Panettone: gran pan tipo brioche, de forma abombada, con pasas, frutas confitadas y cáscaras secas de cítricos.

Parmesano: el más viejo y más ilustre de los quesos italianos. Su lugar de producción está estrictamente delimitado a los alrededores de Parma, Reggio y Módena. Por eso el mejor parmesano se llama *parmigiano reggiano*, por el nombre de las dos ciudades donde se fabrica desde siempre. Cómprelo en trozo y rállelo a último momento.

Ricotta: queso blanco que se escurre fresco, fabricado a partir del suero de leche de vaca. Su consistencia y su gusto a avellana hace que los italianos la usen en todo tipo de recetas. Puede reemplazarse por requesón.

Rúcula: pequeñas hojas para ensalada de gusto pimentado y ligeramente picante, utilizadas solas o en *mesclun*. En algunos mercados se la encuentra suelta o envasada en los super-mercados.

Vinagre balsámico: vinagre hecho con zumo de uva (y no con vino) de la región de Módena. Fluido, de color marrón brillante y sabor fuerte, nada tiene en común con otros vina-gres. A menudo imitado, compre el de denominación de origen: aunque más caro, es nítida-mente mejor.

[consejos de compra]

No tendrá la menor dificultad en encontrar todos los productos necesarios para estas recetas tanto en las tiendas especializadas, como en los mercados y las grandes superficies. En estas últimas suele encontrarse un surtido de productos italianos: pastas secas o frescas, polenta de cocción rápida, tomates secados en aceite, enteros o en puré que puede llamarse «ca-viar de tomates secados»... entre los lácteos, la ricotta, el requesón, la mozzarella y el mas-carpone se venden envasados.

Prefiera los mercados para las verduras y las frutas frescas, como los tomates en racimo, las espinacas tiernas, las mezclas para ensalada, la rúcula y las hierbas frescas. El arroz arborio y las judías *borlotti* y el marsala seco los encontrará más fácilmente en las tiendas de pro-ductos italianos. Lo mismo sucede con cierto tipo de charcutería. No dude en tener una des-pensa surtida con un buen aceite de oliva frutado y un vinagre balsámico para los condimentos en crudo: ¡el gusto es incomparable!

anexos

[índice alfabético de las recetas]

[índice]

[agradecimientos]

Michaël Roulier agradece a su ayudante Stefan Hoareau.

Emmanuel Turiot agradece a las personas y las tiendas siguientes por el préstamo de objetos: Home autour du monde, Blanc d'ivoire, Galerie Sentou, Mise en demeure, Au fond de l'allée, Le Bon Marché, Habitat, The Conran Shop, Derrière le rideau, Axis, La Grande Épicerie, Françoise Le Boulanger, Établissements Polleti, Palladio, Mélodies Graphiques, Deux Mille et Une Nuits, Aude Freixo-Turiot, Le Printemps, Institut culturel italien. El editor agradece a Édouard Collet y Mélanie Joly su valiosa ayuda y a Marine Barbier sus atentas lecturas.

[créditos fotográficos]

Cubierta : **Hoaqui/M. Renaudeau**
p. 10 : **Marco Polo/F. Bouillot** ; p. 32 : **Sipa Press/Stumpf** ; p. 52 : **Hoaqu/M. Renaudeau** ; p. 74 : **Agence Ana/P. Horree** ; p. 96 : **Sygma/G. Giansanti.**

Impreso y encuadernado en Francia por Partenaires
ISBN : 84-345-0373-5